neue frau
herausgegeben von
Angela Praesent

Marie Cardinal
Die Reise nach Algerien
oder
Im Garten
meiner Kindheit

Bénédicte Ronfard
In Moussias Land

Deutsch von
Andrea Spingler

Rowohlt

Die Originalausgabe erschien unter dem Titel
«Au pays de mes racines» bei Éditions Grasset & Fasquelle, Paris
Umschlagentwurf Isa Petrikat-Velonis

Veröffentlicht im Rowohlt Taschenbuch Verlag GmbH,
Reinbek bei Hamburg, November 1985
Copyright © 1982 by Otto Maier Verlag, Ravensburg
«Au pays de mes recines» Copyright © 1980 by
Éditions Grasset & Fasquelle, Paris
Fotos: Copyright © 1980 by Marie Cardinal, Paris
Fotoauswahl und Anhang: Otto Maier Verlag, Ravensburg
Satz Garamond (Linotron 202)
Gesamtherstellung Clausen & Bosse, Leck
Printed in Germany
680-ISBN 3 499 15655 5

Dorthin fahren müssen. Zurückkehren.
Dorthin: nach Algerien, Algier.
Warum?
Mir scheint, alle Antworten, die ich jetzt auf dieses Warum gebe, sind ungenügend. Die Wurzeln, die Erinnerung, das Andenken, die Kindheit, die Jugend ... gewiß. Aber was weiter?
Ich weiß nicht, und ich bin nicht sicher, ob ich jemals eine Erklärung für meine Rückkehr geben kann. Was ich suche, gehört, glaube ich, nicht in den Bereich der Vernunft.
Nicht die Häuser, in denen ich gewohnt habe, ziehen mich an, auch nicht die Orte, wo die Schemen, die durch mein unstetes Vergessen irren, wieder Gestalt annähmen. Nein, was ich wiederfinden will, ist etwas, das von der Erde, vom Himmel und vom Meer herkommt, etwas, das es für mich nur an diesem einen Ort des Erdballs gibt. Ich kann mir im Moment nicht vorstellen, was es ist.
Vielleicht Tiefen, Strudel, Leeren, in denen ich in der Zeit der Kindheit und des Heranwachsens versank.
Trockenes Rauschen der Eukalyptusblätter, die vom Wüstenwind bewegt werden. Lärm der Zikaden. Die Siesta. Die Hitze bringt die Landschaft zum Zittern. Nichts ist fest, alles ist ewig. Der Himmel ist weiß. Warum lebe ich? Was ist das Leben?
Anderswo leben als dort hat für mich den Sinn des Wortes Leben verändert. Anderswo leben ist gleichbedeutend geworden mit: mein Leben fristen, mein Leben organisieren, mein Leben strukturieren, mein Leben planen. Leben war da unten leben, war sich den gewohnten Bewegungen der Menschheit hingeben, ohne darunter zu leiden, darüber zu klagen oder sich daran zu freuen, nur indem man sie akzeptiert, wie sie sind.
Seit ich nicht mehr in Algerien lebe, gibt es für mich nur Mühsal, Ferien, Kämpfe. Es gibt keine Augenblicke mehr, in denen ich ohne

Einschränkung in vollkommener Harmonie mit der Welt bin. Der Abend kommt, es ist nicht mehr so heiß, man hat gesprengt, es ist eine Erlösung. Ein Stuhl vor der Tür, auf der gestampften Erde, wo Ameisen herumlaufen, der Himmel ist rosa. Ich bin der Stuhl, die Schwelle, die Ameise. Kein Fleckchen dieses Bodens, das ich nicht kenne, dessen Erscheinung nicht schon lange überholt ist, weil sie nah und vertraut ist und etwas anderes anzeigt: die Stunde, das Wetter, die Jahreszeit ... Kein Schatten, kein Geräusch, kein Hauch, der mir nicht die endlose Dauer und Beständigkeit meines Hierseins, an diesem Ort, bedeutet, wo jedes Element für den Augenblick unentbehrlich ist und ich für jedes Element.
Nie wieder diese vergeßliche Ruhe.
Von nun an ein psychologischen, physiologischen, soziologischen Handbüchern gemäßes Leben. Glücklich-unglücklich. Angenehm-unangenehm. Leidenschaftlich-langweilig. Heftig-sanft. Ein anerkanntes Menschenleben. Aber in einer Umgebung, die nicht mehr meine Komplizin, meine Ergänzung, meine Inspiration, meine Quelle, mein Nährboden ist, auch wenn er dem meines algerischen Lebens sehr ähnlich sieht.

Barded sitzt der *tarbouch** schief. Mit seinem knotigen Stock schlägt er an die Stämme der Olivenbäume. Er ist unzufrieden, er hat in der Ferne Ziegen gesehen. Fremde Ziegen, die, begleitet von ihrem kleinen nacktarschigen Hirten, den Hügel herunterkommen und sich in den Talmulden des Horizonts verlieren.
«Die Ziegenpisse macht den Weinberg für zehn Jahre tot.»
Zehn Jahre. Der Weinberg. Die Ziegen. Die Pisse. Totmachen.
Diese Wörter hatten eine besondere Bedeutung. Sie wurden in kein Wörterbuch aufgenommen. Das waren diese zehn Jahre dort, dieser Weinberg dort, diese Ziegen dort, diese Pisse dort, dieser Tod dort. Dort. Dort, wo ich geboren bin. Nichts gleicht dem. Nirgendwoanders wird dort sein. Und kein anderer als Barded wird diesen Satz so sprechen. Nur Barded ist Barded.
Daß die Ziegenpisse den Weinberg für zehn Jahre abtötet (das heißt für immer, denn man muß diese Reben ausreißen und neue pflanzen,

---

* Die Schreibweise der arabischen Wörter folgt der französischen Originalausgabe. Zur Erklärung dieser und anderer Begriffe vgl. S. 140 (Anm. d. Hg.)

die zehn Jahre brauchen, um soviel zu produzieren wie die, die man vernichtet hat), ist ein chemisches, pflanzliches, tierisches, menschliches Phänomen, das mich interessiert, das mich beunruhigen kann, aber das mich nicht persönlich trifft. Während dort, damals, in Gegenwart von Barded ... habe ich verstanden, wie Krieg entsteht.

Barded war ein durch und durch integrer Mensch. Sein Leben glich seinem Körper, der sehr hell war. Helle Haut, helle Augen, helle Haare. Weiß die *djellaba*, die *gandoura*, der *tarbouch*. Füße und Hände trocken und voller Knoten wie Rebholz.

Wem gehören diese Ziegen? Landstreichern bestimmt, Nomaden, Taugenichtsen, die auf dem Rücken der anderen leben wie das Ungeziefer auf dem ihren. *Beni kelb!* Hundesohn!

Bardeds Zorn ist riesig wie das Gebirge, schrecklich wie ein Gewitter. Ich spüre Blitze von seiner Hand in meine gleiten, die er festhält. Mit großen Schritten eilt er die Olivenallee hinunter. Er fuchtelt mit seinem Stock in der Luft herum, um zu zeigen, daß er diesen Hungerleidern das Kreuz brechen wird. Der Krieg ist erklärt, da gibt es nichts!

Außer dem einen Satz über die Ziegen hat er nichts gesagt. Aber mein Herz klopft. Denn das Vergehen ist groß: Von dem Weinberg leben wir alle, er und seine Familie, ich und die meine. Man rührt nicht an den Weinberg, der ist heilig.

Bardeds Pferd ist weiß, es ist mit dem Zügel an einem Eukalyptuszweig angebunden. Barded hebt mich auf den bestickten, ausgehöhlten arabischen Sattel. Ich klammere mich an den hohen Sattelknopf, während er sich hinter mich setzt, die Füße in den Steigbügeln, die verzierten Truhen gleichen, der Rücken aufrecht an der Lehne, und los geht es!

Junge, gute Blätter zum Grasen, Abhänge voller Grün, überall. Schöne, schöne Erde. Rote Erdschollen. Bardeds Arme, Bardeds Schenkel bilden für mich einen Korb. Auch Mohammed hatte ein geflügeltes weißes Pferd.

Vierundzwanzig Jahre bald, daß ich mein Land verlassen habe. Vierundzwanzig Jahre, daß es mir fehlt. Vierundzwanzig Jahre, daß dieses Fehlen ein Taumel ist, ein schwindelnder Abgrund, durch den alles hindurchgeht: der Tod, die Liebe, die Freiheit, die Politik, das Politische, der Körper, die Reflexion, der Hunger, die Geschichte, das Ich, das Du, das Sie, das Haus, die Straße ... alles.

Und sagt mir, ihr schönen frischen Blätter des Weinbergs, wer hat

euch die Fächer gegeben, mit denen ihr an den lauen Frühsommermorgen wedelt? Sagt mir, ihr alten Blätter, den heutigen gleich, was habt ihr für eine magische Macht? Woher kommt es, daß ich mich trotz der infamen Vergangenheit nicht schäme, euch zu lieben? Woher kommt es, daß wir einander nie verraten haben und daß wir dennoch getrennt sind? Warum bin ich ins Exil fern von euch verbannt worden?
Die Frage ist schrecklich, ich kenne die unheilvolle Antwort.

Ausreiten. Die Hänge hinauf und wieder hinunter. Rebland bis in den Himmel. In einer Mulde die Gebäude des Gutes, sein Weinkeller und seine wuchernden Gärten. Auf einem ersten Hügel der Wald von Mastixbäumen, Ginster und Pinien. In diesen offenen, glatten Rundungen gerade Linien: die Oliven- oder Eukalyptusalleen, durch die die Menschen mit ihren Maschinen kommen, um die Erde fruchtbar zu machen. Die Wege der Arbeit, aber auch der Überwachung des Besitzes.
Der Besitz ... ja, ich weiß.
Die Felder waren groß da unten. Die Güter waren ganze Länder.
Immer noch Hänge. Das rote Sattelleder knirscht regelmäßig im Rhythmus des Schritts. Bardeds Pferd schnaubt von Zeit zu Zeit durch die Nüstern, wie um sich zum Weitergehen zu ermuntern. Wir gelangen zu fernen Weinbergen, wo ich nie hingehe. Dahin müssen die Arbeiter bei der Weinlese um vier Uhr morgens aufbrechen, damit ihre Fuhre bei Sonnenaufgang an Ort und Stelle ist. Hier gibt es keinen Baum, keinen Schatten, nichts als die langen, regelmäßigen Reihen der Weinstöcke.
Noch ein Hügel, und oben plötzlicher Halt. Wie schön mußten wir sein, Barded, das Pferd und ich, vor dem blauen Himmel!
Schön und furchterregend, nach der Panik zu urteilen, die bei dem dort lagernden Nomadenstamm ausbricht, sobald er uns erblickt. Ja, das sind Nomaden, arme Schlucker; etwa zwanzig, Männer, Frauen, Kinder, mit ihren Ziegen und Eseln. Sie haben zwei niedrige Zelte aufgeschlagen, und der magere Rauch ihres Feuers steigt auf. Sie keifen schon, ohne daß Barded etwas gesagt hat, und fangen an, ihre Habseligkeiten einzupacken.
Aber sie könnten nur so tun, als brächen sie auf, und sich wieder niederlassen, sobald wir uns umgedreht haben. Barded sieht das kommen. Also beschließt er, direkt bis zu ihnen hinunterzureiten, den steilsten Abhang. Der Weg ist abschüssig, die Erde locker,

frisch gepflügt, das Pferd senkt die Kruppe, um das Gleichgewicht zu halten, was ihm ein kriegerisches Aussehen gibt. Der Abstieg soll majestätisch und machtvoll sein. Unten schlägt Barded mit seinem Stock in die Zelte aus Lumpen und zusammengestückelten Streifen dicken Wollstoffs. Es riecht nach Rauch und Mist. In zehn Minuten ist das Lager abgebaut und auf die Esel, die Rücken der Männer und Frauen gepackt. Die Kleinen, verrotzt, die Augen verklebt von Fliegen, flennen. Die ganze Zeit läßt Barded sein Pferd tänzeln und piaffieren. Ich habe nichts zu fürchten, das weiß ich. Ich sehe zu, wie die Gerechtigkeit ihren Lauf nimmt. Im übrigen gibt es keine Streiterei, kein Wort wird gewechselt. Nichts, sie gehen.
Barded steigt vom Pferd. Ich sehe, wie er die Erde, die Weinstöcke, die Schäden inspiziert. Er murmelt: Hund, Hündin, räudiger Hund! *Kelb, kelba, beni kelb! Rla*, Scheiße.

Bis wohin verzweigen sich die Wurzeln des Körpers? Und also die des Denkens!

Barded war ein Angestellter meiner Familie. Von diesem Land, das er so verteidigte, daß er grausam zuschlug, wer immer versuchte, es zu beschmutzen, besaß er nur ein ganz kleines Stück, weit weg von der Stelle, wo die Ziegen gepißt hatten.
Vor der Eroberung Algeriens durch die Franzosen gehörte vielleicht dieses ganze brachliegende Land seiner Familie, oder es war vielleicht das Reich wandernder Stämme, deren verlauste Erben nicht einmal mehr wußten, wo sie ihre Ziegen pissen lassen sollten? Als ich klein war, stellte ich mir diese Fragen nicht. Dieses Land gehörte mir, da war ich zu Hause, schon immer. Im übrigen brauchte ich nur die Familienporträts und die Fotos anzuschauen, um mich davon zu überzeugen. Selbst die ältesten, selbst die Daguerreotypien zeigten mindestens einen Großvater oder eine Großmutter oder einen Urgroßvater an diesen Orten, wo ich meine Kindheit erlebte. Dieselben Mauern, dieselben Bäume, dieselben Täler, derselbe Weinberg ... und dieselben Araber.
Nur einige Gegenstände, einige Möbel, denen das Alter Glanz verliehen hatte und die weniger roh waren als die der einheimischen Handwerker, zeugten von einer anderen Vergangenheit, von einem Vorher, und konnten Zweifel aufkommen lassen am Alter des Familien- und Privatbesitzes in diesem Land.

Aber das war ein Vorbehalt, der das Gewissen nicht belastete, ein Schatten vielmehr, ein Halbschatten, eine verlassene Kapelle, ein ferner heiliger Ort: Frankreich, ausgelöscht, aber verehrt, durchzog wie kostbares Goldfiligran das Flimmern der algerischen Hitze. Das Land war hier, die Zukunft war hier. Die Metropole, das war sehr weit weg und lange her. In Kriegen unterstützte man sie, sogar gehörig, das war das mindeste. Dann kehrte man ins Land zurück. Frankreich bewirkte, daß man die Fliegen weniger gut ertrug als die «Eingeborenen», daß man sich anders kleidete, daß man die Fabeln von La Fontaine lernte, daß man Kirchen hatte. Frankreich erschuf den Unterschied, indem es uns erhöhte: Alles, was von dort kam, war «besser». Der Gedanke, daß dieses «Bessere» eine Kultur war, lag uns fern. Näher der, daß uns Frankreich Tressen, ein Käppi, gegebenenfalls ein Gewehr in die Hände gab, uns eine unbestreitbare – und übrigens unbestrittene – Macht verlieh. Das Glück, von diesem «Stamm» zu sein! Die anderen hatten dieses Glück nicht. So einfach war das. Ein Glücksspiel! Und *inch Allah!* Meine Familie war völlig unpolitisch. Oder vielmehr war ihre Politik die der katholischen Kirche und ihrer Moral. Das heißt eine Politik, die der extremen Rechten nahesteht, einer in Barmherzigkeit getunkten extremen Rechten (gehen extreme Rechte und Barmherzigkeit nicht immer zusammen?). Aber was war dann der Grund, daß sie keine Faschisten waren, daß sie keine Pétainisten waren und daß sie nie auch nur von weitem Anhänger der OAS waren? Mitleid, glaube ich, und eine große Sinnenfreude.
Familie, verhaßte Einzäunung, vergiftete Weide! Wird mein ganzes Leben ausreichen, mich zu entgiften?
Familie, Paradies, das mich lehrte, Wasser, Düfte, Formen, Bewegungen, Farben zu genießen. Wird mein ganzes Leben ausreichen, die Schätze auszuschöpfen?
Liebkosung des feinen roten Schlamms, der durch meine Zehen gleitet, abends, wenn gesprengt wird, zusammen mit Youssef, meinem Nächsten, den ich liebe wie mich selbst.

Weihrauchduft in der Frühmesse. Die ersten Sonnenstrahlen dringen durch die mageren Schenkel des bleigefaßten Jesus im Glasfenster der Kirche Sainte-Marie-de-Mustapha-Supérieur ... Für das Fest des Meßopfers ist der Altar mit Blumen geschmückt, die meine Mutter im Morgengrauen in dem von neuen Düften trunkenen Garten gepflückt hat.

Am Ausgang leiert eine Traube von Bettlern ihre Sprüche. Einen Sou für jeden. Ein kleiner Sou für das Geschwür, ein kleiner Sou für das kaputte Auge, ein kleiner Sou für das amputierte Bein, ein kleiner Sou für den grünen Star, ein kleiner Sou für die geplatzten Krampfadern, ein kleiner Sou für die Krätze ... Gott ist größer als Allah, der Beweis ist erbracht: Es ist kein Christ unter ihnen.
«Liebet einander.»
Kinder sind unwissend, aber fähig zur Erkenntnis. Daher nennt man sie naiv, daher kommt die Ungeheuerlichkeit ihrer Fragen.
Warum betteln sie, Mama?
Weil es arme Leute sind, mein Liebling, Araber.
In meiner Kindheit war es nicht gut, Araber zu sein, das war nichts für die Zukunft.
... Wenn ich heute Präsidenten, Staatschefs, Würdenträger, Honoratioren vor Männern in *djellaba* und Babuschen Bücklinge und Kratzfüße machen sehe, glaube ich zu träumen ... Die Geschichte geht schnell zur Zeit.
Heuchelei, falsche Unschuld der Fotos von Orientalen, die im Rolls-Royce sitzen, mit ihrem Harem die Suiten westlicher Palasthotels bewohnen, Golf spielen, sich bei Cartier Uhren kaufen oder Bilder von Monet leisten. Kein Kommentar. Nicht nötig, der in unseren Ländern verbreitete Rassismus wird das übernehmen.
Man nützt aus, was sie an Gutem bringen, indem man so tut, als nähme man sie ernst, als behandelte man sie gleich, und hinten herum macht man sich lustig.
Aber was sie an Gutem bringen, ist heute teuer.
Man hat es ja geahnt!
Bisher hatten sie sich ausplündern lassen für nichts.
Das ist der Fortschritt.
Wir, die wir ihnen alles gegeben haben, seht, wie sie es uns vergelten, wenn das kein Unglück ist ...
Nichts hat sich wirklich verändert, und trotz der paar Anstrengungen, die man in Frankreich gemacht hat, den allzu krassen Rassismus zu dämpfen, ist die kulturelle Hierarchie immer noch genauso dumm und blind im Denken verankert: In Frankreich ist es besser.

Warum will ich dorthin zurückkehren, warum schreibe ich diese Seiten, wenn nicht, um das Gleichgewicht oder Ungleichgewicht zu verstehen, das die Allianz oder der Krieg zweier Kulturen in mir schaffen? Mein Wunsch, mein Anliegen, mein Bedürfnis erklären sich daraus: Ich möchte friedlich in zwei Kulturen leben, ohne daß meine doppelköpfige Person neurotisch werden muß, ohne daß die Verleugnung einen meiner beiden Köpfe guillotiniert, ohne eine unmögliche Wahl treffen zu müssen.

Es ist nicht einfach, damit zu leben, wenn man den lässigen Rhythmus der algerischen Siesta und zugleich die geschäftige Aktivität der französischen Nachmittage in sich hat; die sonnigen, frischen Tagesanbrüche und die frostigen Morgen, durchbrochen vom Neonlicht der dunstbeschlagenen Bistrofenster; die Dämmerungen, die schnell Nacht werden, so daß gerade noch die Töne einer Bambusflöte bis zu den Olivenzweigen aufsteigen können, und die lichten Abende Frankreichs, die sich, weder Tag noch Nacht, lang ausdehnen im Schwatz mit den Händlern, auf den Caféterrassen, als begänne da der eigentliche Tag. Die ausfernden Unterhaltungen, in die Empfindungen, Emotionen, Schreie, Angst vor Gespenstern, Gottesfurcht, die Erregung der Agora eingehen, sollten sich vermischen können mit den logischen Schlußfolgerungen, bei denen jedes Wort einer abgewogenen und kalten, vernünftigen Überlegung entspringen muß, die keine Empfindungen duldet. Die nackten Füße, die Klebriges, Feines, Weiches und Spitzes spüren, die wiegenden Hüften, die sich drehenden Hand- und Fußgelenke, die Hintern und Brüste unter den lockeren Kattungewändern ... und die Schuhe, die Strümpfe, die Handschuhe, die Mieder, die schweren Kleider, die den Körper verstecken, deformieren und den Stand, die Stellung bezeichnen. Die Wörter, die wie Unkraut wachsen, und die Wörter, die wachsen wie die Rüben, in Reih und Glied. Der Sand, der Schnee. Das Matriarchat, das Patriarchat. Die spitzen Dächer, die Terrassen. Mohammed und sein geflügeltes Pferd, Jesus und sein Kreuz. Die vergehende Zeit genießen, die vergehende Zeit fürchten. Der Augenblick, die Geschichte. Der Fächerschlag des Dey, die Mätressen Ludwigs XIV. Die Palmen, die Kastanienbäume. Das Couscous, das Pot-au-feu. Das Messer, der Revolver. Das Handgemenge, der Krieg.

Gärten, von hohen gelben Mauern und verrosteten Gittern umschlossen, Palmen, Mispeln, Orangenbäume, vergoldet von Blütenstaub, umrankt von Glyzinien, Jasmin und Pomponrosen, sonnendurchbrochene, schattige Höhlen. Eine Stille, die aus dem Gezirp der Insekten und der dumpfen Arbeit der Hitze entsteht, einer

Hitze, die die Pflanzen schwellen, trocknen und Saft geben läßt. Gerüche des Lebens und Gerüche des Todes. Die schwangere Katze stellt mit ihren gelben Augen den Vögeln nach, gleichgültig gegenüber dem Gewimmel der Jungen in ihrem Bauch.
Vor fünfzig Jahren bin ich in diesem abgeschlossenen Garten der Geheimnisse und der Helligkeit geboren. Seit langem ist anderswo zu leben für mich ein Abenteuer, das jedesmal sinnlos wird, wenn ich die Gewißheit verliere, dorthin zurückkehren zu können. Schwindelgefühl. Meine Wurzeln treiben in der Luft, ihnen fehlt Erde, sie werden nicht noch lange Äste oder Zweige bleiben können. Erdklumpen, Boden, dieses Kompakte ist nötig, damit meinen Wünschen wieder Flügel wachsen.
Dieser Garten, den ich beschreibe, draußen, hinter den heruntergelassenen Rolläden. Innen die warme Dunkelheit des Mittags. Das Kind bei Tisch, die Frauen rund herum dressieren es. Nicht die Ellbogen auf den Tisch, nicht an der Stuhllehne anlehnen, nicht mit Messer und Gabel herumfuchteln, nicht sprechen, nicht diskutieren. Iß, das ist gut für dich. Sei still, das ist gut für die Verdauung. Schlag nicht die Beine übereinander, halt sie zusammen. Danke dem Herrn, daß dein Teller voll ist. Polenta ist gut, *chorba* ist gut, besonders die, sie ist überhaupt nicht fett. Sag: «Danke, Fatima.» Man spielt nicht mit dem Besteck. Man widerspricht nicht. Man schlägt die Augen nieder. Hat das Kind zur Zeit eine gute Verdauung? Ja,

Madame. Iß deinen Teller leer, es gibt Kinder, die nichts zu essen haben.
Sitzend beobachten die Frauen mit den Fächern, wie das kleine Mädchen ißt. Stehend bedienen die Dienerinnen das kleine Mädchen. Alle, ob Dienerinnen oder Herrinnen, lehren es, eine Frau zu werden. Eines Tages wirst du einen Mann haben und ihm dienen müssen. Eines Tages wirst du ein Haus haben und es führen müssen. Eines Tages wirst du Dienstboten haben und ihnen befehlen müssen. Eines Tages ... eines Tages ...
Die graue Katze hat den Vogel gefangen, ich habe ihn schreien hören. Drei kleine erstickte Schreie, nicht stärker als das Zirpen der Grillen, aber voller Angst.
Da, die Katze hat einen Vogel gefangen.
Kümmere dich nicht darum, iß und halt dein Messer am Griff.
Kümmere ich mich vielleicht um die Katze?
Sie kriegt nämlich Junge.
Das geht dich nichts an. Man kann nicht zwei Dinge gleichzeitig tun. Im Moment zählt nur, daß du ißt und wie du ißt. Das ist alles. Und bei Tisch spricht man nicht. Wenn du einen Mann hast, wirst du ihm zuhören, und wenn du einfach so redest, obwohl du nichts zu sagen hast, wirst du ihn verlieren, meine Tochter.
A propos, Mimi, man muß Aoued sagen, daß er die Jungen ertränkt. Sie kriegt immer wieder welche, diese Katze.
Ach ja, die Arme!
Später, erst viel später wurde mir die Dressur bewußt, und ich bekam Lust, woanders hinzugehen. Aber während meiner ganzen Kinderzeit sind die Gesetze und die Regeln der Südländerinnen, die mich umgaben, in meinen Kopf und in meinen Körper eingegangen, ohne daß es mir einfiel, sie anzufechten. Ich wünschte mir, das Leben zu leben, das man mir voraussagte. Ich wünschte mir diesen Mann, diese Kinder, diese Bediensteten, dieses Haus, vorausgesetzt es gäbe dort einen Garten wie den da draußen. Und es bestand kein Grund, daß es keinen solchen geben könnte. Und wenn ich brav wäre und gehorchte, würde ich vielleicht sogar einen noch größeren haben, den gleichen, aber größer, mit noch mehr Palmen, noch mehr Mispeln und noch mehr Jasmin. Ich hatte eine solche Leidenschaft für diese Gärten, daß mir alles andere ganz unwichtig war. Mein Einsatz: ein Garten gegen eine gute Erziehung. Wenn das sein mußte, diskutierte ich nicht darüber. Erst lange Zeit danach habe ich die Wörter «Garten» und «Erziehung» übersetzt ...

Genährt, gewaschen, belehrt. Eine kleine Siesta und los!
Und nimm deinen Hut nicht ab!
Keine Sorge.
Sonnenstiche hatte ich schon zwei gehabt, keine Lust auf einen dritten. Die Sandalen ausgezogen und nebeneinander auf die letzte Stufe der Freitreppe gestellt, kurze Shorts, der Strohhut bis auf die Ohren gezogen. Mein ist das Glück, das Spiel, das Lachen, die Düfte, die Farben, der Tanz, der Genuß, die Weisheit.
«*Chaba, chaba!* Schöne, Schöne!» Natürlich schön, denn ich bin ja glücklich!
Die Erde brennt in der Sonne und macht den Schritt tänzelnd; bald, im Schatten erfüllt sich das Fest.

Dieses Kind kenne ich, es lebt noch in mir, es ist immer noch Ich, aber die Jahre haben die ältere Schwester, die ich auch für das Kind geworden bin, größer werden lassen, und jetzt urteile ich, was ich als Kind nicht tat. Mein Urteil ist streng, ohne Nuancen, manichäistisch: Meine Gärten waren gut, meine Erziehung war schlecht. Ich bleibe dabei, daß meine Erziehung schlecht war. Ich habe sie unter allen möglichen und vorstellbaren Aspekten betrachtet, und ich verwerfe sie in jeder Hinsicht. Da ich selbst Kinder zur Welt gebracht habe und selbst diese unspielbare Rolle der Mutter spielen mußte, habe ich mich Tausende von Malen auf meine eigene Kindheit und

meine eigene Mutter besonnen und versucht, eine Lehre, eine Richtschnur daraus zu ziehen. Nie hat die Erinnerung an das Verhalten meiner Familie mir auch nur einmal als Beispiel gedient, nie hat es mir geholfen, weiterzukommen.
Lange habe ich sie nur als Kolonisator gesehen, jetzt sehe ich sie auch als Kolonisierte. Opfer und Henker zugleich.
Ich möchte weder das eine noch das andere sein. Ist das überhaupt möglich?

In diesem Zwiespalt lebe ich, dauernd im Bewußtsein des Gewichts, mit dem ich auf den anderen laste, und des Gewichts, mit dem die anderen auf mir lasten. In der Kolonie, in einer Familie von Kolonisten geboren zu sein, ist eine schwere Bürde; und doch ist es eine Freude, eine Lust für mich, eine Kreolin zu sein. Die Erde und der Kopf, der Körper und der Geist bekämpfen und vereinen sich ständig in erschöpfendem Durcheinander. Ich renne offene Türen ein, all das stimmt für jeden. Diese Konflikte oder Vereinigungen sind das Beste in unserem Leben, sein Zimt oder Pfeffer. Aber wenn die Kultur eine doppelte ist und doppelt auch die Geographie und die Geschichte, dann ist das Gleichgewicht dauernd gefährdet, und es gibt wenig Ruhe.
Bei der Geographie ist es einfach, nur die meines Geburtsortes entspricht mir völlig. Nicht, daß ich Frankreich nicht schön fände, im Gegenteil; aber da bin ich nicht zu Hause. Seine Geschichte ist überall, macht schöne Augen, schubst einen mit dem Fuß, macht sich bemerkbar, gurrt, paradiert, verwischt die Konturen. Es ist eine Geschichte von Leuten, die an die Kälte gewöhnt sind, an das lange Frühjahr und den langen Herbst, gewöhnt an die reiche Harmonie, die aus der Verschiedenartigkeit der Landstriche kommt, gewohnt, unterschiedliche Nachbarn zu haben. Es ist die Geographie eines fruchtbaren Landes, wo der Boden in Stücke aufgeteilt ist und wo die Wege seit Jahrhunderten festgelegt sind, damit die Wanderer nicht die Äcker zertreten, die Äcker der um ihre Kirchtürme sich scharenden Familien. Zahllose Kirchtürme, von denen Hügel, Täler, Ebenen, Berge und Hänge gespickt sind.
Bei mir ist es nicht so. Die Geschichte wird erzählt und nicht oder kaum erbaut, sie ist voller Überfälle, Raubzüge, Krummsäbel, fliegender *djellabas* und Barfüßiger, die von den Kalkbergen angreifen, sie wird verhandelt unter bestickten Zelten bei Pfefferminztee und Honigkuchen, sie wird vollzogen, indem den Besiegten der Phallus

abgetrennt oder die Kehle durchschnitten wird, während die Frauen schreien. Bei mir zu Hause sind die Minarette rar, aber Gott ist überall, besonders abends, in der kurzen Dämmerung, wenn die Leute niederknien, wo sie gerade sind, auf der gepflügten Erde oder auf dem Gestrüpp des Thymians, nach Mekka gewandt, und über ihre ausgestreckten Finger hin ihre Litaneien der Zuversicht murmeln. Im Gebet sind sie sicher, daß ihr Gott sie beschützen wird, hier und anderswo. *Mektoub.*
Herbst und Winter vermischen sich bei mir, in Algerien. Es regnet Sturzbäche, und vom Meer her weht ein schneidender Wind, der einen bis ins Mark frieren läßt. Grün fängt an zu treiben, wo es kann. Wenn der Regen aufhört, scheint die blendende Sonne auf eine rote, wie ausgemergelte Erde, überall treten die Knochen ihrer Steine und Felsen hervor, Bäche entstehen und durchfurchen sie. Es gibt dann ländliche Geräusche, von einer fast schweizerisch-schmucken Behäbigkeit. Man muß Schuhe anziehen. Abends ist es so feucht, daß man beim Schlafengehen mit den Zähnen klappert. Die Berge sind schneegepudert. Himmel und Meer sind von einem tiefen, glänzenden Blau.
In meinem Land sind die Jahreszeiten anders als in Frankreich. Der Frühling dauert vierzehn Tage und ist verrückt: Überall platzt, knallt, schießt, strotzt es. Farben, Düfte, Formen entstehen und verändern die Landschaft mit einer Geschwindigkeit, daß man glaubt, die Erde beben und zittern zu sehen. Leben! Eine unglaubliche Vitalität, eine ungeheure Jugend von unsinniger Schönheit und Kraft kehrt jedes Jahr wieder. Und dann kommt der Sommer und frißt alles auf. Er wächst schnell, verschlingt das zarte Grün, Rosa und Gelb, junges Gras und üppige Blüten; man könnte sagen, er macht nur vor dem Rot der Geranien halt oder vor dem glänzenden Dunkelgrün des Orangenbaums oder dem Braun des zähen Rebstocks und des Olivenholzes, er frißt sogar das Blau des Himmels, beim Meer hört er auf, als schrecke ihn seine Kühle ab, und dann läßt er sich gesättigt nieder, um in einer Gluthitze zu verdauen. Das dauert Monate. Es ist, als hätte die entfärbte Natur Angst vor ihm und duckte sich, zitternd. Nur die Insekten fürchten ihn nicht, sie surren, schnellen den Stachel heraus, stechen, saugen, summen, ernähren sich von den verdorbenen Abfällen des Vielfraßes. Nachts ruht sich der Sommer ein wenig an den Grenzen des Universums aus. Dann gehen die Gerüche, die Düfte und die Farben zum Fest.

Was die Kultur in meinem Kopf angeht, so ist das komplizierter. In den Rhythmus der Geographie und der Geschichte meines Landes haben sich vom ersten Tag meines Lebens an fremde Rhythmen gemischt.
Das Wiegenlied ist süß, aber zu süß, wenn meine Mutter es singt. Wenn Carmen es singt, ist es mir näher. Wenn Daïba es singt, gefällt es mir ganz und gar, dennoch fühle ich mich bereits schuldig, weil ich mich von ihr in den Schlaf singen lasse. Ich weiß bereits, daß der Rhythmus meiner Mutter der «bessere» ist. Er ist vernünftig, nett und endet auf hübsche Wörter, die gut ins Gebrabbel der Kinder passen: Heia, Puppe, Papa, Mama ... Davon ist nicht die Rede in den Wiegenliedern von Carmen oder Daïba, die sind wilder.
Rhythmus der Jahreszeiten, Rhythmus der Lieder, Rhythmus der Wörter.

29. April

Ich habe mit dem algerischen Konsulat telefoniert, um zu fragen, ob man ein Visum braucht für Algerien.
Stimme der Telefonistin:
Welcher Nationalität sind Sie?
Französin.
Ich spüre etwas Hohles, einen Mangel, ein Loch, eine Wunde, als ich das sage. Was ist mit mir los? Gewöhnlich stört es mich nicht zu sagen, daß ich Französin bin.
Dann brauchen Sie kein Visum.
Und wegen des Hotelzimmers?
Wenden Sie sich an die Reiseagentur.
Reiseagentur: Hotel Saint-Georges, das Schiff heißt *El Djazaïr*.

Mir kommen wieder die Gärten in den Kopf mit stechend eindringlicher Schärfe. Verlorene Gärten, versandete Brunnen. Hotel Saint-Georges, *El Djazaïr*: Erinnerungen, keine Realität. Oder was für eine Realität denn? Ist es möglich, daß das ohne mich existiert? Im Ernst, ohne unter meiner Abwesenheit zu leiden? Die Dame am Telefon macht nähere Angaben zum Hotel und zum Schiff. Aber das ist ja unwahrscheinlich, ich kenne sie auswendig. Sie gehören mir!
Beruhige dich, mein Kind, beruhige dich, ich mache dir einen Tee aus Eisenkraut, es ist ganz frisch, es blüht.
Warum hat Aoued die kleinen Katzen umgebracht?
Weil es zu viele gibt.
Ich will nicht, daß man sie in den Mülleimer wirft. Ich will, daß sie begraben werden.
Wenn du willst. Eieiei, dieses Kind, was für eine Plage! Als hätte man nicht schon genug Sorgen.

Beerdigung der ertränkten kleinen Katzen. Halb katholische, halb moslemische Zeremonie. Die Leichen in ein Tuch gehüllt, auf einer Bahre, die die Jungen auf ihren Schultern tragen. Trauerzug, Lieder: *Ave Maria, Mohamed Rassoul Allah.* Das Grab ist zu Füßen des Mandelbaums ausgehoben, auf dem bittere Mandeln wachsen und der im Frühjahr die intensivsten rosa Blüten hat. Dann ist das Loch zugeschüttet, und man stellt Teller mit ein wenig Wasser, Brot, Rosinen, Couscous und Blumen darauf. Ich habe die Teller des alten

...ices meiner Urgroßmutter genommen, aus echtem Sèvres-Porzellan, irisierend, blau, mit Blumenrelief am Rand: «Sammlerstücke» sagt meine Mutter jedesmal, wenn sie sie anschaut. Teller, die ich nicht zum Spielen nehme, weil man sie nicht kaputtmachen soll.
Danach setzen wir uns unter den Mandelbaum, um das Grab, alle Kinder des Guts, und reden.
Zur Mittagszeit, bevor man zu Tisch geht, erzähle ich von der Beerdigung, dem Mandelbaum, den Tellern ...
Also bist du jetzt zufrieden? Dann sei still und iß ordentlich.
Mitten in der Siesta kommt meine Mutter hereingeplatzt:
Die Teller sind verschwunden! Weißt du denn nicht, daß das alles Diebe sind, diese Leute! Weißt du das nicht?
...
Die Teller von Omi Joberts Service! Weißt du, was das bedeutet?
Meine Mutter weint.
Sakrileg!
Omi Jobert, meine Urgroßmutter, war eine in Algerien geborene Französin. Aber ihre Familie kam anscheinend aus Genua in Italien. Sie sollen dort sogar noch ein herrliches Grabmal haben mit Statuen darauf, Engeln mit ausgebreiteten Flügeln. Italien ist nicht Frankreich, aber es ist trotzdem gegenüber, auf der anderen Seite des Meeres, auf der guten ... Alles was damit zu tun hat, alles was von dort kommt, ist heilig. Es ist heiliger als alles Heilige hier.
Heiliger als Notre-Dame-d'Afrique?
Ja.
Heiliger als der Friedhof Saint-Eugène?
Ja.
Das wußte ich nicht.
Was heißt, das wußtest du nicht? Wo hat sie bloß ihren Kopf, die Kleine? Und was fangen sie denn an mit diesen Tellern, die Gauner? Das ist das schlimmste. Sie sind unfähig, zwischen diesen Tellern und Zelluloidtellern zu unterscheiden. So ein Unglück! Kinder verstehen davon nichts.
Meine Mutter geht unter Tränen hinaus. Flüstern, gefolgt von Seufzern meiner Großmutter. Eieiei, die Teller ihrer Mutter, die Arme! Und mein Onkel, der schimpft und sie beruhigt: «Ihr brauchtet sie nur außerhalb ihrer Reichweite aufzubewahren. Wir werden keine Geschichten machen wegen Puppentellern. Solange sie nur das stehlen, geht's noch.»

Ruhe. Die Siesta macht alle friedlich. Die Zikaden sind von geradezu hysterischer Ausdauer. Die Sonne wirft flammende Streifen durch die Fensterläden in mein Zimmer. Draußen müssen die Leichname der kleinen Katzen schon im Bauch des Sommers verfaulen.
Alle meine Freunde sind Diebe und Gauner. Welche Einsamkeit! Welche Einsamkeit jedesmal, wenn diese Wahl zu treffen ist: sie oder wir!
Aber es ging nicht darum, diese Wahl zu treffen. Das war nicht einmal denkbar und noch weniger aussprechbar. Woanders, auf moralischer Ebene, lag die Alternative: das Gute lieben oder das Schlechte lieben. Sie waren das Schlechte, wir waren das Gute. Wer wählt schon entschlossen das Böse im Alter von fünf, acht, zehn Jahren...? Jedenfalls nicht ich, diese Kraft hatte ich nicht.
Ich lag da auf meinem Bett in Gesellschaft der beiden Hauseidechsen, die in ihrem Schatteneck an der Decke eingeschlafen waren. Und ich weinte, weil ich schlecht war, weil das Schlechte mich anzog, weil das Schlechte in mir war. Meine Zukunft machte mir Angst: Eines Tages wäre ich kein Kind mehr, wäre mir selbst überlassen und würde Schlechtes tun.
Ich konnte mir nicht vorstellen, daß ich weinte, weil man mich nicht auf diese Weise lieben ließ, weil die Dressur mich verletzte.
Die Angst, eine schlechte Frau zu werden, zwang mich, meine Wünsche zu ändern, meine Neigungen zu verleugnen, und das machte mich leiden. Ich konnte dieses Leiden nicht verstehen, ich glaubte, verflucht zu sein, von Geburt an schlecht, anormal... Gehirnwäsche findet nicht nur in Umerziehungslagern statt, sondern auch in den Familien, und da ist sie nicht weniger verkrüppelnd.

Mit achtzehn Jahren war meine Bekehrung «fast» perfekt. Sie geschah nicht mit dem Ziel, anders als die Araber zu sein, nein, sie geschah perverserweise mit dem Ziel, eine gute Christin, eine gute Französin und eine Dame zu werden.
Ich entfernte mich von der arabischen Galaxis mit der Sturheit und Bewußtlosigkeit einer Sternschnuppe. Die Araber waren fern, sehr fern, immer ferner, vergessen. Sie waren von der französischen Welt aufgesogen, der sie dienten, wie sie konnten, eher schlecht als recht, indem sie «Araberarbeit» machten; aber man war nachsichtig mit ihnen, in meiner Familie liebte man die Araber...
Als ich in die Pubertät kam, interessierte es mich nicht mehr, Beerdigungen junger Katzen mit den jungen Arabern des Guts zu organi-

sieren, und noch weniger, mit ihnen ins Kino oder auch nur in die Schule zu gehen. Die einen auf der Seite, die anderen auf der andern. Das französische Getto mit seinen eigenen Vierteln hat sich über mir geschlossen ...
Ich habe studiert. Abitur. Philosophieexamen. Diplôme d'études supérieures. Vorbereitung auf die Staatsprüfung ...
Und meine früheren Spielkameraden vom Gut, was wird aus ihnen? Die Mädchen werden seit ihrer Pubertät eingesperrt sein. Sie dürfen nicht mehr von Männern gesehen werden. Sie werden ganz jung verheiratet sein und vom Getto der *raïma* ihrer Mutter ins Getto der *raïma* ihrer Schwiegermutter überwechseln. Sie werden unter Frauen bleiben und Couscous rollen, Feuer machen, Kinder hüten, plaudern und auf die Männer der Familie warten. Nichts wird ihr Frauenleben verändern, das in jedem Punkt dem ihrer Mütter gleichen wird. Ihre Existenz hinter den Lehmmauern oder den dichten Schilfhecken wird sich in die Ewigkeit einschreiben und nicht in eine meßbare, abschätzbare Dauer. Ihre Jahre werden keinen Sinn haben; was einen Sinn haben wird, ist die unveränderliche Wiederholung der Tradition. Die Alten werden streng darüber wachen, daß sich nichts verändert. Nichts. Nicht die geringste Geste, nicht die

geringste Bewegung beim Kehren, Waschen, Aufräumen, Kochen, nicht das geringste Wort in den Gebeten und Liedern, nicht der geringste Ritus beim Vorbereiten und Zelebrieren der Feste. Bis sie selbst mit der Tradition verschmelzen. Dann werden sie ehrwürdig und erlegen allen das Gesetz auf, auch den Männern. Niemand wird wagen, der Mutter zu widersprechen. *Ya ima, Ya ma. Ma.* Die Jungen, sie werden draußen bleiben. Einige Jahre lang. In der Zeit, in der ihre Männerkörper heranwachsen, werden sie auf dem Gut für kleinere Arbeiten verwendet. Manchmal werden sie in die Kommunalschule gehen. Vor allem werden sie in die Koranschule gehen, und diesmal ohne je zu schwänzen, denn die Mütter wissen trotz ihrer Abgeschlossenheit alles, und die geringste Pflichtverletzung ihrer Söhne würde einen schrecklichen Zorn, gefolgt von einer furchtbaren Strafe bedeuten.

In die Koranschule gehen heißt für manche, bisweilen kilometerweit zu Fuß gehen, um den *douar* zu erreichen, in dem der Lehrer unterrichtet. Im Sommer auf einem schattigen Stück Lehmboden, im Winter in einem niedrigen, fensterlosen Zimmer, das nach Rebfeuer riecht, setzen sich die Jungen im Kreis um den Lehrer. Alle im Schneidersitz auf Matten, brav aufgereihte, zerlumpte Häufchen, wiegen sie sich vor und zurück und psalmodieren die Koranverse. Der Lehrer hat jedem ein Holzbrett gegeben, so groß wie eine Schiefertafel, auf dem frischer Ton verteilt ist. Die Jungen schreiben mit einem Stäbchen oder einer Truthahnfeder auf ihre Tafel ab, was der Lehrer in seine geritzt hat. Sie bemühen sich, die Kringel ihrer Schrift zu malen, die sich von rechts nach links zwischen Sternen und Halbmonden schlängelt. Während sie den Ton prägen, prägen sie ihr Gedächtnis, indem sie versuchen, diese Zeichen ein für allemal in ihren Kopf zu schreiben. Denn gleich danach, wenn sie diesen Vers mehrmals gesungen und sich dabei gewiegt haben, werden sie ihn auslöschen, wobei sie den Ton mit den Fingern glätten und so eine neue «Seite» für einen neuen Vers präparieren. Aber sie müssen den alten behalten! Der Lehrer ist da, um es zu überprüfen. Sein Stock ist lang genug, um den entferntesten Jungen auf die Schulter oder ins Gesicht zu schlagen, wenn er sich irrt. Und der Lehrer ist streng, er läßt es sich nicht entgehen, seine Hiebe auszuteilen, er läßt auch nicht den geringsten Fehler durch.

Der ganze Koran, Vers um Vers, Jahr für Jahr. Psalmodiert, gestottert, wiederholt, wiedergekäut, aufgesagt, gesungen. Behalten. Jede Phrase ist im Gedächtnis, begleitet von den ihr eigenen Schlangenli-

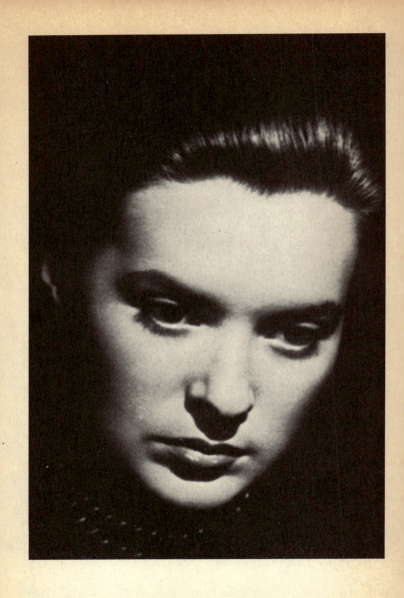

nien, Punkten und Akzenten. Für sich allein ohne Bedeutung, unlösbar vom Ganzen, drücken jeder Buchstabe und jedes Wort, so wie sie sind, nur flüchtig im Ton verbunden, einen Satz des Korans aus.
Danach werden viele Jungen, mit diesem wertvollen Gepäck versehen, fortgehen. Eines Abends werden sie, mit ihrem einzigen Paar Schuhe in der Hand, mit nichts sonst, denn sie besitzen sonst nichts, über die Feldwege zum Asphalt der Landstraße gehen, die den Füßen weich erscheinen wird. Sie werden die ganze Nacht marschieren und vielleicht noch einen Tag und noch eine Nacht, bis sie in die Stadt kommen. Sie werden Zeitungsverkäufer, Schuhputzer, Wagenwäscher, Diener, Diebe ... Nie werden sie den *douar* und die Koranschule vergessen. Sie werden dorthin zurückkehren, um sich mit der Frau zu verheiraten, die man für sie gewählt hat und der sie Kinder machen werden. Sie werden immer wieder fortgehen, aber die Frau wird bleiben und mit den anderen Frauen darüber wachen, daß ihre pubertierenden Töchter nicht ausgehen und daß ihre Söhne den Koran lernen bei dem strengen, weisen Lehrer. Sie werden ihr ganzes Geld nach Hause schicken, und wenn sie alt sind, werden sie endlich heimkehren, die Schafherde hüten und warten, bis sie sterben. Froh, im Schatten eines Feigenbaums sitzend, werden sie das Land ihrer Kindheit betrachten, die Olivenbäume, den Weinberg, die Kaktusfeigen, das Korn, die Steine, das Gras, die gelben Hunde, die sich kratzen, und sie werden den Bahnen der Sonne am Himmel folgen zwischen Morgengebet und Abendgebet. Ich bildete mich in dieser Zeit, ich wurde gelehrt. So gelehrt, daß ich nichts mehr wußte vom Leben selbst, vom Sinn des Todes. Denn ich bin fortgegangen, ich habe Städte besucht und Kontinente durchquert, aber ich bin nie zur Erde zurückgekehrt, und das ist die Rückkehr, die zählt. Ich bin nie nach Hause zurückgekommen zum Pflügen oder Säen. Ich habe mich überwuchern lassen vom Unkraut der fremden Wissenschaft, und jetzt ersticke ich.

Bei uns, in den Familien französischer Herkunft, war keine Rede von Koranschule für die Jungen und Ausgehverbot für die Frauen, aber es gab ein Familienleben, in dem sich Zauberei und Vernunft vermischten und eine Atmosphäre schufen, die ebensosehr verhexte wie eine Religion. Jeder Familie ihre eigene Religion.
Jeden Tag wurden die Träume erzählt, diskutiert, interpretiert. Die Bediensteten halfen bei der Deutung, indem sie islamische und afri-

kanische Mythen unter die jüdisch-christlichen, europäischen Mythen mischten. Meine Großmutter war berühmt für diese Analysen, und wenn sie dabei zu einem Schluß kam, den ich nicht hören sollte und der meistens das komplizierte Leben meiner Mutter betraf, wedelte sie auf bestimmte Weise mit ihrem Fächer und öffnete ihn schließlich vor meinen Augen. Als hinderte mich das Nicht-Sehen am Verstehen.
Tatsächlich hatte sie nicht so ganz unrecht. Was ich durch den Fächer wahrnahm, gehörte zur Welt des Unaussprechlichen, des Geheimen, des Verborgenen. Sie wußte, was sie tat, sie erschuf mir eine innere Welt, indem sie mich in die Geheimnisse der Familie einweihte. Ein riesiges Universum aus Dramen, Lieben, Tränen, Glück, unendlich und privat, absolut privat. Eine unausgesprochene Welt, wahrscheinlich um das Gerede, das Geschwätz, das Gezerre, das Gezänk, die *tchatche* auszugleichen, die nie aufhörte und sich immer weiter verbreitete. Scheinbar wurde alles gesagt, über alles gesprochen, aber das stimmte nicht. Eine geheime Welt existierte noch jenseits dessen, was mit Gesten und Worten gesagt wurde.
All das bildete ein kochendes Magma aus Mystizismus und Fanatismus. Die Götter und die Teufel waren überall. Das Leben der Toten pulsierte in den Lebenden. Die Generationen, durch die ständigen Offenbarungen der Verstorbenen aneinandergeschweißt, bildeten ein einziges Leben.
In Algier wohnten wir in einem Haus, wo mehrere reiche sephardische Juden mit ihren Familien lebten. Manchmal mußte ich morgens, wenn ich in die Schule ging, über Pfützen springen, die die Treppe hinabflossen. Eine jüdische Mutter oder Großmutter hatte einem Familienmitglied Wasser über die Ferse gegossen: Damit es zurückkäme. Ich wußte das. Die arabischen Dienstboten wußten es. Auch die spanische Concierge wußte es und murmelte beim Putzen Beschwörungsformeln und machte Gesten mit den Händen; Zeigefinger und kleiner Finger ausgestreckt, dreimal hintereinander, um die Geister zu vertreiben. Danach beschimpfte sie die Araber, die mit diesem Haus nichts zu tun haben wollten. Sie schrie ganz laut, um sich selbst zu beruhigen.
Dieses große, feuchte, finstere Treppenhaus war von allerlei Erscheinungen bewohnt. Wenn das Minutenlicht ausging, lief ich so schnell wie möglich und klopfenden Herzens durch den Teil, der im Dunkeln lag. Ich hatte keine Angst, ich dachte nur, ich müßte mich

beeilen, ich sollte mich dort nicht aufhalten, in den Stockwerken der anderen, ich dürfte die Geister nicht stören, die um ihre Türen streiften.
Ich lebe in Paris in einem ähnlichen Haus wie damals in meiner Kindheit. Das Treppenhaus ist eine Wüste. Es verrät nichts von dem Leben der Bewohner. Keine Chance, dort auf *djenoun* zu treffen, die mich an den Haaren Gott weiß wohin schleiften ... Das fehlt mir ...
Jede Familie war in gewisser Weise ein Baum mit Wurzeln, einem Stamm, Ästen, den man lichten, gießen, beschneiden, abernten mußte. Jede Geburt, jeder Tod, jede Heirat waren von größter Bedeutung. Der Baum war Teil eines Waldes, und die Pflege dieses Waldes nahm das ganze Leben in Anspruch. Die Beschneidungen, die Taufen, die Bar-Mizwa waren Zeremonien, die man unmöglich nicht ernst nehmen konnte, selbst wenn sie bei Unbekannten zelebriert wurden. Das Haus, das Viertel, die Stadt (das hing davon ab, zu welcher Baumart man gehörte) wußten von dem Ereignis und kommentierten es. Dann rauschte der Wald von den Familiengeschichten, die man sich zuflüsterte. Dabei mußte man achtgeben auf Verwünschungen, vor allem auf den bösen Blick, und sie bannen. Eheschließungen waren sehr ernst. Es durfte keine Vermischungen geben! Aufpfropfen war unmöglich.
Wir lebten in den familiären Leidenschaften, den familiären Abrechnungen, den familiären Verboten, den familiären Kriegen. Was konnte für die meisten von uns daneben ein Staat, eine Regierung, eine Politik, eine Ideologie bedeuten? Nicht mehr viel. Wir lebten wie ein Stamm.

Das Vernünftige kam für uns aus träumerischem Nachdenken, aus dem Traum voller glücklicher oder unheilvoller Ahnungen, denen man «vernünftig» Rechnung tragen mußte.
Als meine Großmutter erfahren hatte, daß einer ihrer Söhne einen Infarkt gehabt hatte, hat sie nach dem Mittagsschlaf der versammelten Familie erklärt: «Ich gebe mein Leben dafür, daß mein Sohn lebt.» Tatsache ist, daß sie kurz darauf «in voller Gesundheit» gestorben ist ... und daß ihr Sohn überlebt hat.
Meine Familie war eine gebildete Familie. So haben wir lange die «vernünftigen» Gründe erörtert, die den Tod meiner Großmutter und das Überleben meines Onkels hätten verursachen können. Aber ich bin sicher, daß keiner von uns daran geglaubt hat; denn die

einzige Erklärung für diese Begebenheit war, daß meine Großmutter während des Mittagsschlafs Gott ihre Seele übergeben hatte im Austausch mit der ihres Sohnes. Übergeben, wie der Postbote ein Paket übergibt. Ein Tausch, Gleiches gegen Gleiches. Sie hatte mit Gott geredet, sie hatte ihm einen Vorschlag gemacht, den er angenommen hatte. Das ist alles ...

Werde ich jemals Algerien von meiner Familie trennen können?

Von meiner Familie habe ich mich jetzt schon lange losgetrennt. Losgetrennt, das Wort ist nicht zu stark. Unter manchen dieser Schnitte habe ich schrecklich gelitten. Ich bin hervorgegangen aus dieser Trennung. Ich habe begonnen zu existieren um diesen Preis, und ich bereue es nicht. Im Gegenteil, ich habe daraus eine Kraft und eine Lebenslust geschöpft, die ich vorher nicht kannte.
Ich weiß indessen genau, daß man sich nie vollkommen von seiner Familie loslösen kann. So lasse ich sie in dem Maße in mir sein, wie sie mich nicht mehr stört.
Gerade dort stört sie mich. Nicht sie suche ich, sondern meine Erde. Um meiner Familie zu begegnen, brauche ich diese Reise nicht zu machen. Ich brauche nur an sie zu denken, ihre Schemen freizulassen, dann spult sie ihre Gesetze, ihre Zuneigungen, ihre Schwächen ab, wie zuvor.

2. Mai

Ich wollte mit dem Schiff nach Algier reisen, noch einmal die gewohnte Wallfahrt machen. So wie andere nach Compostella gehen oder wie man von der Place de la Bastille zur Place de la Nation demonstriert, auf den beschilderten Wegen, so wie Jesus seinem Kreuzesweg folgt.
Das mag ich nicht. Ich möchte dorthin fahren mit anderen Religionen im Kopf. Welchen?
Vielleicht nehme ich das Flugzeug. Großartiger Kult, der mich um das Rhônetal, die ersten Weinberge, die ersten ausgelaugten Böden und die weißen Klippen des Marseiller Landes bringen wird. Großartige Prozession, wo ich nicht die Gerüche der Häfen rieche, sondern das Kerosin!

Ja, ich gebe zu, es ist das Archaische in mir, was ich suche, und ich glaube, ich erreiche es über das Land selbst und nicht über die Leute. Die Leute bringen eine Kultur mit, die das Archaische verwischt; ich möchte es rein.

In Ländern, die meinem vergleichbar sind, wie Ägypten, Süditalien, Korsika, Sizilien, Marokko, Tunesien, manchmal, beim Rauschen des Meeres, beim Geruch von Staub, in der Hitze oder bei ich weiß nicht was, manchmal, flüchtig, der Eindruck, daß ich existiere, daß ich da bin, daß ich ganz bin, wie in meiner Kindheit. Aber in meiner Kindheit waren es nicht Eindrücke und Augenblicke, ich war, das war alles. Und die Tatsache zu sein, war ganz und gar verbunden mit dem Ort, an dem ich war.

Unbändiger Wunsch, diese Person wiederzufinden, die ich gewesen bin, die ich noch sein muß. Zu lange schon habe ich die Übereinstimmung mit dem Raum, die Gebundenheit an einen natürlichen Rhythmus, das Wissen um Farb-, Duft-, Geräuschzeichen eingebüßt. Hier verliere ich mich, zerfasere, verschwimme, bin nur ein Abziehbild.

Eukalyptusblätter, feine graue und blaue Streifen. Trockenes Rascheln der Eukalyptusblätter, weil der Wind vom Meer bläst oder weil sich das kleine Mädchen an einen niedrigen Ast gehängt hat und zwischen Himmel und Erde schaukelt. Da sein und nirgendwoanders, weil die weiche Rinde ihre Hände streichelt, weil der Ast biegsam ist und ein einziger Schwung mit den Hüften genügt, damit er lange schaukelt, weil es halb zwölf ist, die liebste Zeit des kleinen Mädchens, weil von weitem, von sehr weit her, Geräusche von Landarbeit, von schwerer Plackerei herüberdringen und der Geruch von gebratenen Zwiebeln, der das Essen ankündigt. Ich lebe. Ich bin mir der Unbeständigkeit dieser Gegenwart bewußt, aber ich genieße sie. Ich genieße sie mit dem Baum, mit dem langsamen Rhythmus der Arbeit, mit der Sonne, die sich strahlend dem Zenit nähert, mit dem Essen, das zubereitet wird, mit den Bienen, die den Honig aus den komischen lederartigen Eukalyptusblüten holen.

Was plagt die Ameisen? Sind sie von Natur aus besessen oder empfangen sie schreckliche Befehle? Selbst allein, selbst getrennt von den anderen, macht sich eine Ameise zu schaffen. Ich habe nie gesehen, daß sich eine Ameise in der Sonne oder im Schatten breitgemacht hätte, und auch wenn sie stillsteht, ist ihr Köprer in Bewegung, ihr Kopf, ihr Kiefer, ihre Fühler, ihr Hinterleib, sie ist auf der

Lauer, sie sucht ihren Weg, sie sucht, was sie zum Ameisenhügel bringen wird, sie ortet die Kolonne der anderen, diesen auf- oder absteigenden Strom, der im Boden verschwindet oder daraus hervorkommt. Zwei Minuten nachdem ich ein Stück von meinem Käse habe fallen lassen, es ist schwarz von Ameisen, seine Zerteilung ist schon perfekt organisiert, sie stehen Schlange, die Menge ist geordnet trotz ihres fieberhaften Eifers.
Ich sah leidenschaftlich gern den Ameisen zu. Sie handelten genau nach den Gesetzbüchern meiner Moral und meiner Religion: «Verliere nicht deine Zeit», «geize nicht mit deiner Kraft», «iß deinen Teller leer», «denke an die anderen», «wenn du das nicht für dich tust, tu's für deine Familie», «hilf den Schwächeren», «lungere nicht im Bett herum.»
Deshalb wahrscheinlich faszinierten mich die Ameisen und reizten mich zugleich. Ich hatte keine Lust, eine Ameise zu sein. Vor allem waren sie böse. Sie bissen, die Biester! Besonders an Gewittertagen die roten Ameisen und die Treiberameisen. Und dann ihr Eifer, ihre Emsigkeit, ihre Vorsicht und ihre Unterwürfigkeit, wenn sie sich begegneten! ... Sie ließen mich an die guten Schwestern in meiner Klosterschule denken. Sie waren der lebende Beweis für die Existenz Gottes, sie befolgten alle seine Gebote. Eine Ameise spielt nie ... Keine Lust dazu. Keine Lust, so zu leben. Ja, aber kann man dieser Regel denn entgehen?
Eine Unruhe überkam mich oft draußen, auf meinen Streifzügen: der Eindruck, es gäbe Gesetze, denen ich um jeden Preis gehorchen müßte, um eines Tages in Allahs Paradies zu kommen. Denn ich hatte, wenn man schon in eines käme, insgeheim Allahs Paradies gewählt. Ich bereitete mich mutig darauf vor, diese Mesalliance *post mortem* einzugehen ... Ich glaube, ich stellte mir das Paradies Allahs voller noch von heißem Fett zischender Krapfen und honigtriefender *zlabias* vor. Während man im anderen Harfe spielen, den Rosenkranz beten und brav, mit nebeneinandergestellten Beinen auf Wolken sitzen mußte, und das bedeutete mir nichts.
Mektoub gefiel mir besser als «So sei es». Damit es so wäre, mußte ich mich zuerst einmal im Namen des Vaters und des Sohnes und des Heiligen Geistes verdingen. Vater hatte ich keinen, meine Mutter sagte von ihm, er sei ein Abenteurer, das Bild, das ich mir von diesem Mann machte, paßte schlecht zu dem, das ich vom allmächtigen Gott hätte haben sollen. Der Sohn war mein Bruder, der nicht nett zu mir war und eine Brille trug. Und was den Heiligen Geist angeht,

also, reden wir nicht davon ... unmöglich, diese erleuchtete Taube, die senkrecht schwebte, ernst zu nehmen. *Mektoub*, das war weit, unbestimmt, frei, das nahm mir einen Teil der Verantwortung und Sorge ab: Warum sollte ich mir übermäßig den Kopf zerbrechen, da ja letztlich doch Gott entscheidet?
Wenn ich groß bin ... wenn ich groß bin ... ich beendete nie diesen mit einem drohenden Unterton gesprochenen Satz. Meine Überlegung konnte nicht klarer und genauer ausgedrückt werden, sonst hätte ich eine gehörige Tracht Prügel bekommen. Wenn ich groß wäre, würde ich nicht Moslem werden, das wäre ein schlechter Tausch. Wenn ich groß wäre und den Mut dazu hätte, würde ich nicht mehr katholisch sein. Das gibt es, es gibt sehr gute Menschen, die nicht in die Messe gehen.
Und um mir meine Autonomie zu bestätigen, ohne das Großsein abzuwarten, pinkelte ich gleich auf die Ameisen.
Ich wählte eine schöne Kolonne sehr aktiver, sehr exemplarischer und sehr gehorsamer Ameisen. Ich zog meine Shorts aus, um es bequemer zu haben, und hockte mich hin. Dann war ich völlig absorbiert von der Richtung des Strahls, und ich bemühte mich, möglichst viele Tierchen zu ertränken, und meine metaphysische Unruhe verschwand.
Die Operation war nicht so einfach, sie verlangte viel Konzentration. Einen Urinstrahl zu lenken ist für ein Mädchen schwieriger als für einen Jungen. Ein Junge muß nur seinen Wasserschlauch mit der Hand in die Richtung halten, die er will. Für ein Mädchen ist es nicht so leicht. Es muß in sich hineingehen und sein ganzes Wollen auf seinen Unterbauch lenken, bis es spürt, daß der Urin bereit ist, herauszuschießen wie eine Lanze. In diesem Moment gut zielen, genau kalkulieren, die Angriffsrichtung vorhersehen – das ist nicht ohne, man muß wie eine Ente watscheln, den ganzen Körper der Vorbereitung dieser Hinterlist unterwerfen, ohne die Beute aus den Augen zu lassen – und einen ersten dichten Strahl wie einen Pfeilhagel loslassen. Dann abrupt, mit einer raschen Bewegung des kleinen Beckens und des Willens, die Schleusen schließen. Die Verheerung feststellen. Die kopflosen Ameisen stieben in alle Richtungen auseinander, sie versinken in den gelben Lachen. Aber die Erde ist trocken, und in kürzester Zeit hat sie alles aufgesogen. Man muß da wieder anfangen, wo am meisten Ameisen sind. Und so drei- oder viermal und sogar fünf- oder sechsmal, bis die Vorräte erschöpft sind. Mindestens dreißig Kadaver, die sich nicht einmal mehr in

dem bißchen Schaum rühren, den mein Strahl aufgewirbelt hat und dessen winzige irisierende Bläschen alle zusammen platzen.
Als ich später, viel später erfuhr, daß Freud die Minderwertigkeit von Frauen mit dem Fehlen des Penis beweisen wollte, habe ich mich an meine wilden Angriffe auf die Ameisen erinnert und gedacht, daß Freud (dem ich andererseits viel verdanke) und vielleicht den Männern überhaupt etwas abgeht: Sie kennen die Frauen nicht ... Denn wenn wir auch keinen Pimmel haben, so haben wir doch in der zarten Gegend unseres Geschlechts eine Menge teuflischer Fasern und kleiner Muskeln, die zu manipulieren recht interessant ist ... Ob man die «Dicke Berta» den Pfeilen für überlegen hält, hängt allein von der Einstellung ab. Der Penisneid ist eine Männeridee, keine Frauenidee. Was sollten wir damit auch anfangen?
Um wieder auf meine Ameisenmassaker zurückzukommen: Ich würde sagen, sie beruhigten meinen ängstlichen Mystizismus und setzten meinen fanatischen Paganismus frei. Ich spielte, rannte, kletterte, sprang leidenschaftlich gern. Ich verstand die Aissaua oder die Derwische, die tanzten bis zum Ohnmächtigwerden. Wie alle Mittelmeerkinder war ich zappelig, als sei die Sonne, anstatt die dämpfende Wirkung auszuüben, die sie auf die Erwachsenen hatte, ein zusätzlicher Motor meiner Vitalität.
Trotzdem war ich mir einer höheren Ordnung bewußt, die mir Angst oder Freude machte, je nachdem, ob ich mich dadurch eingeschränkt oder frei fühlte.
Diese höhere Ordnung, muß ich heute zugeben, war von relativer Höhe, denn ich muß ihr ein Adjektiv anfügen: Sie war orientalisch. Übrigens hatte ich diesen Gedanken von der Relativität der Überlegenheit schon sehr früh, und er hat mich nie verlassen. Zuerst war es wegen der Araber. Ich habe keine Sekunde geglaubt, daß sie alle in die Hölle kämen, nur weil sie nicht getauft waren. Das habe ich nie akzeptiert, und wenn meine Mutter von ihren Fürsorgegängen in die *douars*, die die Arbeitskraft für die Güter stellten, zurückkam und verkündete: «Ich habe wieder drei getauft ...», dann schien sie mir naiv, ich fand sogar ihre Überzeugung etwas schwachsinnig. Ihr Bericht war mir peinlich. Sie erzählte, wie sie das Waschen der Neugeborenen ausnützte, um sie zu taufen. Sie ließ den Babys Wasser über die Stirn laufen und machte mit dem Daumen das Kreuzzeichen: «Ich taufe dich im Namen des Vaters und des Sohnes und des Heiligen Geistes», und sie fügte hinzu:

«Wenn sie sterben sollten, kommen sie in den Limbus.» Ich habe mir nie vorstellen können, daß dieser Limbus besser wäre als das Paradies Allahs.

Meine Spaltung hat früh begonnen: französische Araberin, arabische Französin?
Meine geschiedenen Eltern zerfleischten sich ständig per Telefon oder Brief und bedienten sich meiner oft als kleine Haßbotin. Ruhe, Fröhlichkeit, Spiel, Musik, Geschichten fand ich außerhalb meiner Familie. Auf Kaders Schultern, im Couscousschoß von Kaders Mutter, Hand in Hand mit Barded, hinter Youssef, dem Gärtner, oder Aoued, dem Stalljungen, und auch mit Daïba, Halima und Baya. Nicht zu vergessen Carmen, eine Andalusierin, die sich um die Kinder zu kümmern hatte.
Auf der einen Seite das Leiden, die Tragödie, die Tod- oder Nicht-Todsünden jener katholischen Atriden, die die Meinen waren. Das Ganze gut kaschiert durch die Haltung und den Anstand des französischen Bourgeois. Auf der anderen Seite die Zärtlichkeit, die Milde, das Lachen und ein Geheimnis, das sich in einer inbrünstigen, aber wenig lästigen Frömmigkeit äußerte, weil sie mit jeder Handlung, jedem Gedanken ganz natürlich verbunden war. Eine Frömmigkeit, die den Alltag schmackhaft machte, Salz oder Zukker eines jeden Tages war. Aber wenn etwas vorfiel und den Alltag durcheinanderbrachte – ein krepiertes Pferd, eine Krankheit, ein Ehebruch, der geringste Verstoß gegen den Ramadan –, dann schlug die Frömmigkeit um in einen Wirbelsturm und veranlaßte wilde Schlägereien, wahnsinniges Geschrei, Morde, durchschnittene Kehlen, Verstümmelungen, blutende Schmisse, Spuren eines rächenden und gewalttätigen Gottes.
Was im Iran geschehen ist und geschieht, hat mich nie erstaunt. Als ich den Imam Khomeini in Neauphle-le-Château reden hörte, wußte ich, daß sich die Ereignisse so entwickeln würden, wie sie sich entwickelt haben. Ich wußte auch, daß die Frauen ganz schnell wieder ihren *tchador* überziehen würden. Die Geiselgeschichte ist logisch: Auge um Auge, Zahn um Zahn, unter allen Umständen. Im Grunde war es die größte Dummheit und die größte Gemeinheit des Schahs, daß er geglaubt hat, er könne den Islam kastrieren, daß er sich für stark genug gehalten hat, ihn bändigen, mattsetzen zu können nach Art der westlichen Religionen, die dem Staat so schön dienen. Religionen mit leeren Kirchen und

Göttern, die dazu herhalten, die übelsten Machenschaften der Regierungen zu decken.
Ich wollte mich nicht den westlichen Frauen anschließen, die nach Teheran gereist sind, um ihren iranischen Schwestern zu helfen, ihre Rechte zu verteidigen. Sie sind dorthin gegangen mit den besten Absichten der christlichen Welt, ohne zu wissen, daß die besten Absichten der moslemischen Welt nichts Christliches an sich haben. Sie haben im Namen ihrer unterdrückten Schwestern gesprochen und sich geschnitten, wie man so sagt.
Das Bild der Maurin, die mit Ballen beladen neben dem auf seinem Esel dösenden Mann hergeht, ist abscheulich, ganz abscheulich. Aber der Westen kennt diese Frau nicht, auch nicht den Mann und den Esel und auch nicht diese Ballen. So hat das Bild eine andere Bedeutung als die, die ihm beigemessen wird, und es mit westlichen Waffen – auch wenn es die der Frauen sind – zerstören zu wollen, ist sehr ungeschickt, ein Machtmißbrauch. Man muß die arabischen Frauen selbst ihre Ballen abwerfen und sagen lassen: «Ich gehe nicht mehr weiter.» Die Gründe, die sie dann für ihre Revolte angeben, werden staunen machen, ebenso wie das Verhalten des iranischen Volkes und seiner Führer erstaunt.
Der Westen ist ein Kolonist, der sein Land verloren hat, was nicht hindert, die Mentalität eines Kolonisten zu haben. Ein Kolonist ist ein Mann, der sich auf fremdem Boden ansiedelt, um diesen Boden zu bebauen zum Nutzen seines Landes und zu seinem eigenen Vorteil. Das tut er nicht umsonst. Er arbeitet hart, und er bedient sich seines nationalen Vorbilds wie eines Knüppels. Der Kolonist will sich auf schnellstem Wege bereichern, und er tut das ohne Scham, denn er ist sich seines guten Rechts sicher, da er ja überlegen ist. Seine Moral ist die bessere, sein Rhythmus ist der bessere, seine Lebensregeln sind die besseren, seine Regierungsformen und seine Gesetze sind die besseren, seine Religion ist die bessere. Indem er das vorschreibt, tut er also etwas Gutes. Er ist davon überzeugt, er ist nicht einmal unredlich. Wenn er zweifelt, dann nicht an sich selbst und allem, was er repräsentiert, sondern nur an der Methode, die er angewandt hat, um sich durchzusetzen.

Fünfzig Jahre alt zu sein, aus einer Kolonistenfamilie zu stammen, heute in Frankreich zu leben und außerdem noch eine Frau zu sein, das ist nicht wenig. Ich habe Reiche stürzen sehen, ich sehe andere entstehen, und ich betrachte niedergeschlagen die Mächtigen. Welche Eitelkeit! Wie dumm die Mächtigen sind und wie ihnen die Demut fehlt! Sie sollten von Zeit zu Zeit Couscous machen oder ein Pot-au-feu, wenn sie das vorziehen. Sie sähen den Wechsel von Zögern und Erregung in der Natur, sie sähen, wie sich zwangsläufige Bündnisse oder unvermeidliche Kriege vorbereiten. Sie würden Achtung, Geduld, Vertrauen lernen, sie würden sensibel für das Fremde, Andere, für Unterschiede, für das, was ein eigenes Leben hat und keinesfalls irgendwie manipuliert werden darf.

Die Mächtigen sollten wissen, daß nicht nur die Zuschauer im Saal den Vorstellungen, die sie geben, zusehen. Da sind auch noch die Leute hinter den Kulissen, und von dort aus sieht man die Vorstellung auch sehr gut, aber anders. Ich kenne beide Orte, denn ich bin ein Kolonistenkind und eine Frau. Jene hinter den Kulissen um Rat zu fragen, das wäre intelligent. Sich nur auf die Pfiffe und den Applaus jener zu verlassen, für die die Vorstellung gegeben wird, ist nicht sehr klug. Denn es gibt viele Leute hinter den Kulissen, und ohne sie kann man keine Aufführung zustande bringen ... Aber soweit sind wir noch nicht. Ich glaube, man muß die Demütigung abwarten, um die Demut zu entdecken.

Ich werde wieder zornig. Nie werde ich den Algerienkrieg verdauen. Weder den, den Frankreich geführt hat, noch den der *piedsnoirs*. Es war ein schändlicher, entwürdigender, dummer Krieg. Und voller Schmerz ...
Meine schöne Erde, meine Mutter, meine Erzeugerin, auf welch unwürdige und niedrige Weise habe ich dich verloren!

7. Mai

Ich muß unbedingt meinen Flug nach Algier buchen. Ich darf die Entschuldigungen nicht mehr akzeptieren, die ich mir selber zurechtlege, um meine Abreise zu verzögern. Ich muß aufhören, herumzureden, offene Türen einzurennen und Geister zu beschwören, die gar nicht furchterregend sind, sondern mir ja vertraut. Ich muß dort hin.

Mai in Algier. Der Monat der feierlichen Kommunion. Der Monat der «kleinen Bräute» ... Ich erinnere mich jedoch, daß man im Mai nicht heiratete: Das war der Monat der Heiligen Jungfrau, der Monat Marias.

Algier ist eine langgestreckte Stadt, eine gebogene Linie von Häusern und Gebäuden, die zwischen den Klippen und dem Meer zusammengedrängt sind. Von El-Biar bis Bouzaréa, von Kouba bis Fort-l'Empereur. Von Maison-Carrée bis Deux-Moulins.

Wenn ich es mir jetzt überlege, scheint mir, die Menschen von Algier liebten ihre Stadt und kannten sie. Es gab Gettos in Algier wie in allen Städten: die der ganz Reichen, die der Armen, die der ganz Armen, die der Araber, die der Spanier, die der kleinen Weißen, die der Franzosen. Man ging oft vom einen zum andern. Die Bewohner von Bab el-Oued oder Belcourt gingen hinauf zu den Familien von Mustapha supérieur oder Telemly arbeiten. Die wiederum gingen ihrerseits in die unteren Viertel, um ihre Einkäufe, Besorgungen, Geschäfte zu machen. Die Seite zum Meer hin gehörte allen, ebenso die Rue Michelet (bis zum Galland-Park) und die Rue d'Isly. Die Casbah, um die herum sich die europäische Stadt gruppierte, war ein Ort der Verlorenheit, eine Fremde, in die wir mit Herzklopfen und unbewußt mit dem Gefühl, Gewalt auszuüben, eindrangen – Touristen in unserer eigenen Stadt. Ich glaube, wenn wir die nach Gewürzen und Kloake riechenden Gäßchen der Casbah hinauf- oder hinabstiegen, wußten wir, daß wir die Erben siegreicher Eroberer waren.

Mit sechzehn im Herzen der Casbah, nicht weit von der Kathedrale,

die erste verblüffende Begegnung mit einem Wort: In der Bordell-Gasse stand auf jeder geschlossenen Tür «maison onette», «maison o net», «maison Honète», «maison onnette», «maison honête» ... Honnête, anständig ... Was heißt das eigentlich?

Zwei parallele Linien ratternder Straßenbahnen transportierten funkensprühend die Einwohner. Die CFRA entlang dem Hafen von Hussein Dey bis Deux-Moulins und die TA von der Sommerresidenz bis zur Place des Trois-Horloges am Ende von Bab el-Oued. Zwei lärmende, rumpelnde Schlangen.
Durch die offenen Fenster (mir scheint sogar, in manchen Wagen der CFRA gab es überhaupt keine Scheiben) konnte man im Mai an der Zahl der weißen Kleider, die auf den Gehwegen liefen, ablesen, wie weit die Erstkommunion der Pfarreien gediehen war. Die Pfarrer wußten, daß es besser war, dieses Fest am Anfang des Monats zu feiern, das erlaubte den Familien, ihre Kinder lange in diesem Aufzug spazieren zu führen. Es gab tausend Anlässe, um die teuren, besonderen Festtagskleider anzuziehen: Besuche bei allen Familienmitgliedern, Sonntagsspaziergang, Feste der Gemeinde oder der Diözese, Wallfahrt zu Notre-Dame-d'Afrique ... Und das gab *tchatche*!
«Wie hübsch sie ist, die Kleine, sieh nur!» – «Wie hübsch er ist, der Kleine! Wo haben Sie die Manschetten gefunden, Madame Sanso? Bei ‹Dames de France›, nicht wahr?» Oder auch: «Die Sintès-Tochter, hast du die gesehen? Man könnte sie für Martine Carol halten, so schön ist sie. Pailletten haben sie ihr aufs Kleid genäht!» – «Dem Martinez-Sohn haben sie soviel Pomade auf den Kopf geschmiert, daß er noch, als sie halb abgewaschen war, Haare wie Pappe hatte, der Arme.»
Hochzeit. Hochzeit mit Jesus. Hochzeit mit dem beginnenden Sommer. Hochzeit mit unseren Erwachsenen-Körpern, die das Klima schon formte. Generalprobe für unsere zukünftige Hochzeit. Kränze aus Orangenblüten und Schleier für die Mädchen; darunter gesenkte Lider und Pupillen, die verstohlen züchtige Blicke riskierten. Hohe, harte Kragen, die den Jungen die Hälse wundrieben und sie zwangen, die Schultern zu verkrampfen, ein Hohlkreuz zu machen und das Becken vorzustrecken. Ihre «Iton»-Anzüge – «Spencer» und Röhrenhosen – verwandelten sie in kleine Toreros, mit prallen Hinterbacken, wie zwei schwarze Oliven, und gewölbtem Hosenlatz. Die Pubertät kam, sie war da an unseren Körpern,

wir spürten sie, und sie verwirrte uns. Zu Ehren dieser religiösen Feste wurde sie zugleich betont durch unsere Kleider und geschützt durch den Weihrauch, die Gebete, die rotschimmernde Monstranz, die Altäre, die überladen waren mit Lilien, Aronswurz, weißem Leinkraut, weißen Rosen und Nelken, Jasmin, von deren Duft einem schwindlig wurde.

Erste Befruchtung. Durch unseren Mund drang ein abgezehrter, zerlumpter, blutender Mann in uns ein, der uns besser machen würde. Die Frucht unseres Leibes ... Vorstellung von kleinen, vollen Bäuchen, bald ...

Die Erstkommunion war eine Wende in unserem Leben. Das war das Ende der Kindheit, der Beginn des Erwachsenwerdens. Danach war es nicht mehr wie vorher. Nach meiner Erstkommunion bin ich französischer geworden.

In den Wochen, die dem großen Tag vorangingen, wurden wir in meiner Schule einer intensiven Vorbereitung unterworfen. Die Wände der Klassenzimmer waren weiß bespannt, sogar die Klaviere im Musiksaal hatten weiße Hüllen, unsere Bänke trugen weiße Röcke; alles war weiß – die Farbe der Jungfräulichkeit. Der Unterricht war unterbrochen. Während der Pausen durfte niemand rennen oder schreien, weder wir, die wir uns vorbereiteten, noch die anderen. Das Schulgebäude schloß sich um die Kommunikanten. Während der ganzen Zeit aßen die Externen in der Schule. Von den anderen getrennt, wurden die zukünftigen Kommunikanten von denselben Dienern bedient, die uns gewöhnlich beschimpften, nun aber weiß gekleidet waren und uns mit unglaublichem Respekt behandelten. Die Tätowierungen ihrer Gesichter und das Henna ihrer Hände traten noch mehr hervor, wurden unpassend, entfernten sie von uns: Ungläubige, Heiden, Unreine, die nur uns gut zu bedienen hatten.

Die Reinheit und die Jungfräulichkeit standen im Mittelpunkt aller Predigten, die uns tagelang gehalten wurden. Die Priester der benachbarten Pfarrei kamen nacheinander zu uns, von den jungen Diakonen bis zum alten Pfarrer. Messen, Predigten, Andachten, Lieder ... Lieder, Andachten, Predigten, Vespergottesdienste. Der Abend brach herein, wenn wir nach Hause kamen, den Kopf voll von dieser gebieterischen, kategorischen, autoritären, fordernden, pedantischen Reinheit unseres Volkes und des katholischen Glaubens. Das wog schwer.

Nie war direkt die Rede von der Jungfräulichkeit unserer Körper,

und gleichzeitig ging es ausschließlich darum. Zweideutigkeit. Beunruhigung. Das Allerwertvollste, das wir hatten, befand sich in der beschämendsten Gegend unseres «Bauches». Jahr um Jahr gaben die Mädchen einander die Schlüssel zu dem weiter, wovon weder die Priester noch die Lehrer noch die Eltern redeten: Hymen, Blut, Ei, Sperma, Phallus. All das in ungenauen, unkorrekten Begriffen, manchmal mit unerhörten Details, die das Geheimnis noch undurchdringlicher machten. Welche Verwirrung, welche Gefahren! Die weiche, zarte Spalte, noch im Schutz der Jungfernschaft, ganz heiß, unschuldig und doch bedroht. Heikle Jungfräulichkeit, Objekt aller Lüsternheit, aller Laster, die man um jeden Preis für eine Zukunft erhabener Liebe und prächtiger Kinder verteidigen mußte.
Die Jungen, wehrlos gegenüber dieser Perle, waren anscheinend zu allem fähig: ihr Gewalt anzutun, wie sie liebzuhaben. Die Mädchen tuschelten, das Blut stieg uns in den Kopf, und in unseren Körpern machte sich gleichzeitig mit der Angst das Begehren bemerkbar. Der Mann, dieses erschreckende oder liebliche Wesen, Gebieter mit unvorhersehbaren Absichten, der zugleich Jungfrau und Hure will. Wie konnte man beides sein? Die Zukunft war aufregend und gefährlich. Bestürzung: Ich entdeckte, daß auch bei den Franzosen die Hochzeit eine Barbarei sein konnte.
Seit Zorahs Hochzeit auf dem Gut wußte ich, daß die Araber nicht waren wie wir, daß sie eine tierische Seite hatten. Während der Zurückgezogenheit bei meiner Erstkommunion habe ich erfahren, daß wir nicht besser sind. Scheinheiliger, das ist alles.
...
Alte Bilder. Feuchtigkeit des Schweißes. Ziehen im Unterleib und im Bauch. Erste Erinnerung an die menschliche Kopulation.
Ein Alter aus einem *douar* bei Aboukir sollte Zorah heiraten, eine Spielgefährtin vom Gut, die gerade dreizehn war. Er hatte sie für drei Ziegen, zwei Schafe, Säcke voll Getreide und einen Louisdor gekauft. Ein Schatz. Zorah fand sich enorm aufgewertet. Man sah sie bewundernd an, flüsterte über sie Worte, die ich nicht verstand: Die *rhatchoune* war nie verletzt geworden. Wenn sie jetzt für ihre Mutter draußen Wasser holen ging, hielt sie die Zipfel des Tuches, das ihr als Schleier diente, fest zwischen den Zähnen. Bald würde sie einen richtigen *haïk* haben, hatte ihr Vater gesagt. Er würde nach Mostaganem gehen und den schönsten kaufen, den er fände, vielleicht aus Seide.

Am Hochzeitstag hatte man mich mit den Frauen in Zorahs *raïma* gehen lassen. Vorbereitung des Hochzeitsmahls, ein Festessen. Überall duftete es. Mit den aufgeregten Kindern stibitzte ich Rosinen, Kuchenstücke, Pfefferminzfüllung, ganz heiße Waffeln.
Danach war ich bei Zorahs Toilette dabei. Die Frauen ihrer Familie haben sie von Kopf bis Fuß gewaschen, dann ihren Körper mit einem stark riechenden Öl einmassiert und ihr alle Härchen ausgerissen. Er schimmerte wie Seide. Danach haben sie ihr eine Menge steifer Röcke angezogen und ein herrliches, pompöses Kleid. Zorah mußte ihre Arme ausbreiten, um dieses Übermaß an Schönheit nicht zu zerdrücken, und wenn sie ging, raschelte es um sie herum, sie glich einem großen Schmetterling. Ihre Mutter hatte ihr hübsche grüne Pantoffeln bestickt. Dann wurde sie von einer alten Frau, die ich noch nie gesehen hatte, geschminkt. Zwei rote Flecken auf die Wangen, *khôl* auf die Augen und an Stelle der Tätowierungen, die sie nicht hatte – auch auf die Stirn, das Kinn und die Handgelenke. Ihre Haare, ihre Fußsohlen und ihre Handflächen waren mit frischem Henna gefärbt. Zorahs Augen waren glänzend und ernst, sie ließen mich an jene Lampions denken, die man in der Nacht des Weinlesefestes in den Gärten aufhing und in denen Kerzen brannten. Dann wurden ihr lange Korallenohrringe angesteckt und zwei oder drei Seidentücher um den Kopf geschlungen, die an der Stirn mit Goldmünzen bestickt waren und in langen, weichen Fransen ausliefen; ein richtiger Helm, der vom Gesicht nur noch ein verziertes Dreieck sehen ließ. Über all dem ein schöner, ganz neuer, steifer *haïk*, an dem noch die Bügelfalten zu sehen waren.
Dann fingen die Frauen an, Schreie auszustoßen. Der Kadi kam mit dem Bräutigam, einem Alten, der mindestens fünfzig war. Er trug einen schönen *tarbouch*, um den eine neue *chéchia* gewickelt war, eine bestickte Weste, eine Uhrenkette, die ihm auf den Wanst hing, und einen *séroual* mit tadellosen Falten. Obwohl er alt und häßlich war, erinnere ich mich daran. All die verschleierten Frauen stießen kleine Schreie aus und kicherten. Uns Kinder schickte man während der religiösen Zeremonie weg.
Draußen schlug man sich die Bäuche voll, bis es einem schlecht wurde: *méchoui*, Couscous, jede Menge Kuchen, Datteln und Limonade. Als dann die Musik allmählich benommen machte und die Frauen des Südens ohne Schleier für die Männer zu tanzen anfingen vor den knackenden Rebfeuern, schickte mich meine Mutter zu Bett. Ich war nicht einverstanden, hatte aber nicht zu widerspre-

chen. Und sie hat mir sogar befohlen, mein Zimmer nicht mehr zu verlassen. Ich hatte genug getrunken, genug getanzt, genug gegessen, ich sollte schlafen.
Wie konnte ich schlafen bei dem Festlärm auf dem Hof! In einer Latte der Fensterläden in meinem Zimmer war ein Aststück, das man herausnehmen konnte. Durch diese geheime Öffnung konnte ich während der Siesta sehen, wer sich draußen herumtrieb, und so unbemerkt hinausgehen. Da hindurch habe ich gesehen, wie der Bräutigam dann in das niedrige Zimmer trat, wo Zorah war. Die Gesänge und Tänze gingen weiter. Nach längerer Zeit kam der Mann wieder. Hinter ihm trug Zorahs Familie Leintücher, Bettwäsche hinaus, die man vor der Tür auf eine Leine hängte. Sie war voll Blut, voll ganz frischem Blut.
Da brach die ganze Hochzeitsgesellschaft in ein Freudengeheul aus. Das Kreischen der Frauen wurde unerträglich. Bauchweh. Übelkeit. Weg vom Fenster. Im Bett wälzen. Die Ohren zuhalten. Schlafen.

Angst, nicht mehr Jungfrau zu sein. Alpträume. Eine Wunde, Blut. An dieser Verletzung erweist sich die Reinheit... Die Araber wissen wohl Tricks, um die *rhatchoune* wieder in Ordnung zu bringen, wenn man nicht mehr Jungfrau ist, in dem Fall kann man auch am Hochzeitsabend den Saft einer Zitrone an der bewußten Stelle auspressen, das zieht das Fleisch zusammen...
Ja, aber die wahre Schande, die wahre Verfehlung lag jenseits des physischen Zustands, und davon sprachen die Priester und die Frauen zu uns: von der Sünde. Wie konnte man sie vermeiden, wie konnte man rein bleiben? Perversion der Sünde: immateriell, gehört sie doch aller Materie an. Sie ist in unserer geliebten Sonne, in unseren geliebten Wellen, sie ist im Tanz, sie ist in den Tränen, sie ist in den Schreien, sie ist in den Blicken, sie ist im Honig. Sie ist überall. Sinnlichkeit. Perversion der Sinnlichkeit: mit ihr zu spielen wissen, sie aber nie die Oberhand gewinnen lassen...
Als der Tag der Erstkommunion kam, waren es kleine Frauen, die da in die Kirche traten, und nicht mehr kleine Mädchen. Wir waren jetzt in der Lage, Christus zu heiraten und auch die Männer.
Mai in Algier. Der dreizehnte...
Männer reden. Sie reden wie Donnerschläge. Sie reden wie Erdbeben. Sie reden wie Sintfluten. Sie tragen französische Offiziersuniformen. Sie proklamieren ganz laut, was sich kein *pied-noir* getraut

hätte zu sagen: Sie haben die Schnauze voll von Frankreich, so wie es ist. Frankreich hat seine Reinheit verloren. Sie, seine Waffenknechte, die es den Vietnamesen gezeigt haben und die es jetzt den *fellagha* zeigen, wissen, wovon sie reden, wenn sie von *La France* reden, sie sind mit ihr verheiratet, ihr haben sie ihr Leben geweiht. Aber sie haben zu lange in der Ferne Krieg geführt. Während ihrer Abwesenheit hat sie sich, schwach wie alle Frauen, nicht gegen die schlechten Männer wehren können, man hat sie beschmutzt. Man muß nach Hause und ihr die Reinheit zurückgeben. Diese Reden sind Honig für die meisten Franzosen in Algerien. Sie hören sie mit Wonne. Sie erheben sich und folgen den tapferen Offizieren.
Das ist der Aufstand.
Das ist der Bürgerkrieg, damit das Frankreich Jeanne d'Arcs, das Frankreich der Kreuzzüge, das Frankreich der Eroberungen, das heilige und souveräne Frankreich wieder auflebe. Das schöne, genießerische, lustvolle, starke, reine Frankreich. *La France*, in die jene, die fern davon sind, verliebt sind, rasend verliebt. Sie verehren

sie, beten sie an, und sie wollen sie feiern und betören in diesen Landstücken, die sie ihnen auf der ganzen Welt geschenkt hat: den Kolonien. Es gibt keine schönere Frau, kein Opfer ist für sie zu groß. Fanatismus. Wahn.
Ich versuche nicht, das Volk der *pieds-noirs*, dem ich angehöre, zu entschuldigen. Es ist unentschuldbar. Aber ich weiß, woher sein Verderben kam: aus einer leidenschaftlichen Liebe. Ein brünftiges Volk, ein läufiger Hund, dem man das Weibchen nehmen will. Nichts anderes und all das. Unmöglich, sich vorzustellen, daß man noch nicht mit seiner Erde kopulieren und sie befruchten und sie schmücken wird. Eine blinde, brutale, tierische, dumme Leidenschaft, aber eine authentische und archaisch reine.
Was sind die Eingeborenen, die auf dieser Erde leben und die Vermessenheit besitzen, sie zurückzufordern? Nichts. Ameisen. Man kann nur auf sie pinkeln.
Was hat das schöne und kokette Frankreich in seiner Weisheit und Heiligkeit getan, seit es Algerien erobert hat? In der ersten Zeit hat es sich umschmeicheln lassen von diesen feurigen Liebhabern, die ein wenig zu stark nach Knoblauch und Patchouli rochen. Aber sie boten ihm ihre Leiber und ihren Fanatismus für seine Kriege, und es hat sie gut gebrauchen können und ihnen so noch etwas mehr von ihrem Siegel aufgedrückt. Es begünstigte ihre Laster. Es gab ihnen Orden, Bänder, Firlefanz, den sie verehrten wie Reliquien.
Und dann gab es Erdöl. Das war interessant. Da hat *La France* geruht, sich ihren algerischen Bürgern zuzuneigen, sie hat versucht, ihre Weisheit und ihr Gesetz herrschen zu lassen. Aber es war zu spät. Ihre dämlichen Liebhaber hatten alles verdorben, sie bekriegten sich mit ihren Ameisen-Brüdern. Sie versteiften sich darauf, diese Zurückgebliebenen, ihr diese Erde erhalten zu wollen, um ihr weiterhin Jasminzweige, Kränze aus Orangenblüten, vierzehngradigen Wein, Buchweizen, saftstrotzende Früchte und Fische schenken zu können. Hört auf, mir diesen ganzen Plunder zu geben. Hört auf, euch zu bekämpfen! Denkt ans Erdöl.
Das Erdöl! Welches Erdöl?
... Es gab wenig reiche *pieds-noirs*. Sehr wenige. Und es sind nicht die am wenigsten reichen, die am wenigsten massakriert haben ... und am wenigsten gelitten ...
Ich weiß, daß Interessen im Spiel waren und für eine Handvoll Kolonisten sogar bedeutende. Aber nicht diese Interessen haben die

OAS hervorgebracht, sondern die blinde Liebe zu dem Land, die irrsinnige Liebe zu dieser Erde.
Selbst diejenigen, die kein Land besaßen – die Mehrheit –, hingen leidenschaftlich an diesem Himmel, diesem Meer, diesem Wind, dieser Hitze, diesen Bergen. Es war eine arme Gegend, die dennoch nicht aufhörte zu geben. Kleine wertvolle Geschenke, die das Land selbst bringt, ohne daß man etwas verlangt. Wolken von Glyzinienduft, die bis in die Innenstadt drangen. Der Djurdjura, schneebedeckt, über den Kränen des Hafens, jenseits der Bucht, im klaren und ungeheuer blauen Winterhimmel. Fische in allen Farben für unendlich viele Bouillabaissen. Seeigel für Milliarden Pastis.
Voilette oder gelbe Stiefmütterchen aus Chréa an den Straßenecken. Die Orangenbäume der Mitidja. Die Rosen von Blida. Die Alpenveilchen von Baïnem. Ich erinnere mich an die Autobusse am Sonntag, am Ende des Winters, wenn sie nach Algier zurückkehrten, vollgestopft mit Ausflüglern, die von ihrem ersten Sonnenbrand gerötet waren; die Männer mit einem an den vier Ecken geknoteten Taschentuch auf dem Kopf, Frauen und Kinder dösend, und alle hielten sorgfältig einen Strauß Alpenveilchen, den sie mit nach Hause brachten wie einen Schatz.
Dafür tötet man nicht, wird man mir sagen. So denken nur Frauen. Dafür an sich, nein. Aber für das, was dies in jedem, Jahr um Jahr, Generation um Generation, entstehen läßt, für die Freude, das Begehren, die Lust, die Sinnlichkeit, den Zauber, dafür ja. Jeder Geruch, jedes Stückchen Farbe, jeder Fetzen eines Bildes, jedes Echo eines Rhythmus, unablässig aufgenommen, empfangen, wahrgenommen, verspürt – wenn man in die Schule geht, arbeitet, ausruht –, wird Teil eines Lebens. Ein Leben aus Empfindungen, Emotionen, Gefühlen, Eindrücken; ein nervöses, sehnsuchtsvolles, schmerzliches, sinnliches Leben, das Leben eines *pied-noir*. Ein Leben, in dem eine ständige Kommunikation besteht zwischen dem Land und dem Menschen. Ein Land, das duftet, das brennt, das friert, ein rauhes, unbarmherziges Land, ein sanftes, zärtliches Land, ein Land, das trotz allem nur eine Ziehmutter ist, eine Fremde, die man also lieben darf ... Wenn man dort geboren wird, gibt es keinen Wunsch nach anderem, man läßt sich mit Wonne formen. Die Familien pflanzten sich fort und wurden so schließlich wie eine diesem Land eigentümliche Vegetation oder Fauna. Mit einem lokalen Denken, sozusagen. Ein Denken, das half, dort zu leben und nirgends sonst. Sie wußten, daß sie dieses Land Frankreich ver-

dankten, und ihre Dankbarkeit dafür reichte bis zum Opfer, ging bis zur Dummheit.
Es gab keine Fabrikschlote, keine strengen, düsteren Riesenbauten bei uns. Keine Architektur, die an die Welt, die Kontinente, die Fremde gemahnt. Nur Denkmäler für die Toten, Landhäuser und Ziegeleien, Kalköfen, Weinkeller, einige Olivenölraffinerien ... für den Lebensunterhalt. Und der Hafen mit seinem Lärm, seiner Geschäftigkeit, seinem Sirenengeheul? Ja, aber er roch nach Gewürzen und Stockfisch, Zedernholz und Pinienholz, überreifen Melonen und Wein ... nach Produkten von hier.
Von hier, von zu Hause, Zuhause.
Schreckliches Mißtrauen gegen die anderen. Die Franzosen aus Frankreich waren Fremde. Die Araber nicht ... Aber es war mehr wert, Franzose zu sein, als Araber! Ein kolossaler Hochmut, der an Schwachsinn grenzte.

12. Mai

Ich habe meine Reise noch immer nicht gebucht. Ich fühle, wenn ich zu sehr zögere, werde ich nicht mehr reisen können, Flugzeuge und Schiffe werden voll sein. Angst überkommt mich, diese Reise allein zu machen. Seit gestern geht mir die Idee im Kopf herum, meine Tochter zu fragen, ob sie mich begleitet. Suche ich wieder Entschuldigungen, um nicht dorthin zu müssen?
Warum diese Angst?
Ist es die Angst, mit mir selbst konfrontiert zu werden?
Ist es die Angst, enttäuscht zu werden?
Zu entdecken, daß Algerien mir nichts mehr bedeutet, verloren zu sein, noch entwurzelter als vorher?
Ist es die Angst, festzustellen, daß die französische Kultur die andere vereinnahmt hat?
Ist es die Angst, mich zu Hause als Fremde zu fühlen?
Ich weiß nicht. Ich ziehe mich im Augenblick in mich zurück. Ich lasse die Tage verstreichen, und wenn ich mich entschließe, die Abfahrt festzusetzen, entdecke ich, daß die Öffnungszeit der Reisebüros schon vorbei ist, und verschiebe es auf den nächsten Tag.

13. Mai

Ich habe beschlossen, daß meine Tochter nachkommen soll. Sie ist das einzige meiner Kinder, das nicht in Algerien zur Welt gekommen ist.

Ich möchte, daß sie auch ein Reisetagebuch führt. Sie schreibt sehr gut. Aber es sieht nicht so aus, als sei sie dazu entschlossen. Wir werden sehen ... Für sie ist es eine Vergnügungsreise. Sie versteht, wie aufregend und beunruhigend dieses Wiedersehen für mich ist, sie versteht meine Bangigkeit, meine Angst. Das geht ihr nahe. Ich glaube, sie wird kommen, um mich zu beschützen.

Gestern abend, als ich mit ihr sprach und versuchte, ihr zu erklären, warum ich mich fürchtete, ganz allein dorthin zu fahren – was verworren war, denn ich weiß selbst nicht, wie ich diese Furcht bestimmen soll –, begann ich zu verstehen, daß ich auch ein schlechtes Gewissen habe.

Ein schlechtes Gewissen, weil ich sah, wie das algerische Volk ausgebeutet wurde, ohne etwas zu sagen, und ein schlechtes Gewissen, weil ich den Krieg geschehen ließ, in den wir es hineingezogen haben.

Gleichzeitig kann ich nicht umhin zu denken, daß dort mein Zuhause ist, daß ich dort geboren bin, daß ich dort angefangen habe zu schauen, zu verstehen, zu hören, zu lieben. Mir Algerien ausreißen heißt, mir den Kopf, die Eingeweide, das Herz und die Seele auszureißen. Es ist mein Zuhause, ein für allemal, und ich brauche deswegen kein schlechtes Gewissen zu haben, trotz ALLEM.

Es zerreißt mich innerlich, wenn ich denke, daß ich ins Hotel gehen werde, daß ich meinen Paß zeigen muß, daß man mich beraten, daß man mich führen wird wie eine Touristin, eine Fremde, daß ich zahlen muß, um einige Tage dort zu verbringen. Was ich eigentlich möchte, ist: in Algier aussteigen, ein Taxi nehmen und heimkehren, in mein Zimmer. Ich habe sonst nirgends ein Haus. Und doch habe ich dort auch keines mehr. Das werde ich wohl einsehen müssen. Es verwirrt mich, daran zu denken.

Ich mißtraue mir. Ich habe Angst, auf den Friedhof Saint-Eugène zu gehen, bis zum Grab meines Vaters und meiner Schwester hinaufzusteigen, mich darauf zu setzen, zu weinen und mich nicht mehr von der Stelle zu rühren. Zu sagen: «Hier bin ich zu Hause,

mein Name ist in den Marmor eingraviert, CARDINAL, ihr könnt nicht das Gegenteil behaupten.»
Es wäre erbärmlich.
Gefühl des Vagen, Leeren, Schwindel. Unangenehme, alte Erinnerungen, ein Hohlraum in mir, ein Kummer, zerfließend in Tränen und Rotz.
Erinnerung an einen Mann, den ich lange sehr geliebt habe. Ein Mann, mit dem ich mich auch gestritten habe und von dem ich mich getrennt habe, weil wir wirklich nicht mehr so leben konnten. Ihn endlich los sein, meine eigenen Rhythmen wiederfinden, meine Autonomie. Und ihn dann eines Tages mit einer anderen treffen, oder allein. Ihn reden hören von einem Leben, an dem ich nicht teilhabe, ein Leben ohne mich. Daß ich all seine Bewegungen kenne, all seine Manien, wie er sich wäscht, wie er liebt, wie er müde ist, wie er schimpft, wie er sich in sich zurückzieht, seinen Geschmack, seine Rhythmen, seinen Schlaf, all das hindert nicht, daß ich aus seinem Leben total ausgeschlossen bin. Das ist unerträglich ... ich habe nie einen Mann verloren ...
Was soll das heißen? Daß ich besitzergreifend bin?
Doch ich besitze nicht gern, ich besitze nichts. Wenn ich irgend etwas bekomme, verschenke ich es sofort, oder ich teile es. Ich bin nicht eifersüchtig. Ich bin nicht neidisch. Aber ich will, daß man mich liebt, daß man mich weiter liebt. Ich verlange keine Ausschließlichkeit der Liebe, aber ich will Liebe, ich will im Liebesglück bleiben, nicht ausgeschlossen sein.
Es ist mir egal, daß Algerien nicht mehr mit mir zusammenlebt, aber ich will, daß es mich noch liebt, und dessen bin ich mir gar nicht sicher.
Ich weiß, daß mir alle «meine» Türen verschlossen sein werden und daß ich werde klingeln oder klopfen müssen, damit sie sich öffnen. Aber wird man sie öffnen, und wird man mich einlassen?

Ich habe die Plätze gebucht. Ich reise am 23. Mai und Bénédicte am 25. Ich möchte allein sein beim Wiedersehen.
Im Reisebüro haben sie mir Prospekte herausgesucht mit Fotos und Namen: ein Targi mit *tarbouch*, Zéralda, der Mzab, Tipasa, Algier durch die Äste einer Pinie vom Clos-Salembier aus gesehen ... Ein Operetten-Algerien.
Die Klischees erinnern mich an meine Kindheit, als man uns in der

Schule singen ließ: «Algier-die-Weiße, hast du nicht gesehen, die Hauptstadt bei uns, YUMBA ... Da oben in den Pinien, unter den Ästen, betrachten wir sie neidisch, denn nie war eine Stadt so gut geteilt wie die Hauptstadt bei uns, ALGIER.» Ich mochte den Yumba nicht, er kam mir folkloristisch vor – die algerische Folklore, wie die Franzosen aus Frankreich sie sehen –, er machte Bauchtanz für Touristen. Andererseits verstand ich nicht, was «eine gut geteilte Stadt» sein sollte. Wie geteilt? Wie ein Kuchen? Es stimmt, daß ich ziemlich vernagelt war, was Marschlieder angeht, und daß ich das «sankimpur» der *Marseillaise* auch nicht besser verstand: «Qu'un sankimpur abreuve nos sillons»* ist mir lange ein Rätsel, eine kabbalistische Formel geblieben. Ebenso fragte ich mich, was das Spiel der Gans in der Nationalhymne meines großartigen und fernen Vaterlandes zu suchen hatte: «Allons enfants de la patri-i-e, le jeu de l'oie est arrivé» ...**
Geheimnisse. Als meine Mutter klein war, hatte sie einen Aussprachelehrer, der ihr die Fabeln von La Fontaine beibrachte und sie dabei alle Bindungen sprechen ließ, so daß meine Mutter lange geglaubt hat, der Wolf hieße Monsieur Pélagno ...***

Seit ich weiß, wann ich abreise, ist in mir ein Berg von Abwehr entstanden. Vor allem würde ich nichts verstehen und man würde mich nicht verstehen können, weil ich nicht arabisch lesen kann – ich konnte es nie – und es nicht mehr sprechen kann – ich sprach es fließend. Es gelingt mir nicht mehr, einen vollständigen Satz zu bilden. Ich würde mich nicht verständlich machen können.
Diesen Winter war ich in Ägypten, um eine Diskussionsrundreise in Universitäten und Kulturzentren zu leiten. Ich habe arabisch sprechen hören. Von überallher Wörter, die ich verstand: fast alle Zahlen, Brot, Wasser, guten Tag, viele andere. Sie hüpften wie kleine Meerflöhe aus einer Sprache, die mir andererseits fremd war. Hingerissen verrannte ich mich in Sätze, die kein Mensch verstand. Totaler Mißerfolg. Man hat mir erklärt, daß das algerische Arabisch ein

---

* Es muß heißen: «sang impur» (unreines Blut tränkt unsere Gefilde) A. d. Ü.
** «le jeu de l'oie» (das Spiel der Gans) heißt eigentlich «le jour de gloire» (der Tag des Ruhmes ist gekommen) A. d. Ü.
*** Die Fabel heißt «Le loup et l'agneau» (Der Wolf und das Lamm). A. d. Ü.

Dialekt sei, daß ich aber einen guten Akzent habe. Das ist so, als würde man mir sagen, ich hätte eine gute Aussprache im Französischen. Um meinen plötzlichen Wunsch, wieder arabisch zu sprechen, zu befriedigen, ließ ich mich hartnäckig auf Konversationen ein, bei denen ich meine Lücken durch arabisiertes Französisch oder sogar Englisch oder Portugiesisch überspielte. Eine Katastrophe! Schließlich mußte ich, Dialekt hin oder her, mit gutem oder schlechtem Akzent, zugeben, daß ich die Sprache meines Landes nicht mehr beherrschte.
Trotzdem eine vage Hoffnung. Erinnerung.

Als ich zwanzig war, ist mir eine komische Geschichte passiert:
Ich saß in einem Auto, das eine Freundin von mir fuhr, wir waren auf der Straße zwischen Bône und Philippeville. Es war Hochsommer, Mittagszeit, und sehr heiß.
Wir wollten mit «Freunden» in Philippeville essen gehen. Wir waren ein bißchen verrückt, meine Freundin und ich, ein bißchen aufgeregt, den Kopf voller Jungengeschichten. Ich weiß nicht mehr, wie sie es angestellt hat, ein Auto zu leihen, aber es war ihr gelungen. Das hatte Zeit gekostet. Daher fuhren wir mit Vollgas auf der Straße zu einer Zeit, in der niemand Auto fährt, weil es zu heiß ist; der Asphalt schmilzt, das Kühlwasser verdampft usw. Wir wußten das alles, aber der Motor der Wünsche, der uns trieb, setzte sich lachend über die Technik hinweg.
Die Straße war gerade, ohne Baum, ohne Schatten. Durch die offenen Fenster kam keine Luft, sondern ein kochender Brei aus heißen Geräuschen: der voll aufgedrehte Motor und die rasenden Zikaden.
Was geschehen mußte, ist geschehen: Die beiden Vorderreifen sind geplatzt, zusammen. Der Wagen hat sich überschlagen. Er hat sich aufgebäumt und zweimal in der Luft gedreht. Zwei Sonnen zusätzlich. Während der paar Sekunden, in denen das passierte, habe ich die Natur sich um mich drehen sehen. Zweimal der Himmel unter den Füßen und die Erde über dem Kopf. Ich habe gedacht, ich sei tot, und es mache keine Angst zu sterben. Durch die Fenster rollten die Weinberge.
Gleich beim ersten Aufprall, als die Reifen geplatzt sind und das Auto sich überschlug, war meine Freundin gegen den Rückspiegel geschleudert und wie tot auf mich gefallen. Während unserer beiden Loopings, als ich mich schon im Jenseits glaubte, hatte ich sie fest an mich gezogen. Wir bildeten einen Block.

Dann gab es einen großen Plumps, und dann bewegte sich nichts mehr. Ich habe gewartet, ich brauchte eine Weile, um mich zu überzeugen, daß ich nicht tot war. Dann hat mich die Angst gepackt: Das Auto würde anfangen zu brennen, ich mußte aussteigen und meine Freundin herausziehen, die ohnmächtig war. Ich saß nicht mehr in einem Auto, sondern in einem Schrotthaufen, der nicht mehr zu gebrauchen war. Es gab keine Türen mehr, keine Scheiben, keine Front, kein Heck. Wo kam man da hinaus? Ich habe mit dem Fuß irgendwohin getreten, wo ich konnte, in das zerbeulte Blech, von dem ein Stück abgefallen war. Ich konnte mich endlich befreien und Nicole herausziehen, die gleich wieder zu sich gekommen ist. Sie hat den Schatten eines Weinstocks gefunden und sich da hingekauert, erschöpft.

Ich blieb auf der Straße stehen, die versperrt war von den Trümmern unseres Wagens. Die Hitze war entsetzlich. Die Erde vibrierte, zitterte, die Zikaden wüteten. Nichts als flache Weinberge bis zum Horizont, in vollem Saft, in vollem Wachstum.

Dann habe ich einen Arbeiter kommen sehen. Mein Onkel sagte immer: «Wo du hingehst, da ist immer ein Araber. Mitten in der Wüste, mitten in der Nacht, du weißt nicht, was er da macht, aber er ist da.» Der Mann, der vor mir stand, kam nirgendwoher. Es gab dort kein Haus, kein Dorf, keinen Weg. Er kam aus dem Weinberg, verblüfft, mit jenem kindlichen Ausdruck im Gesicht, den die Araber haben, wenn sie überrascht sind. Er hat sich hingestellt und angefangen zu reden. Er hatte Angst vor mir, weil er den Unfall beobachtet hatte und sicher war, daß man bei einem solchen Aufprall nicht lebend davonkommen konnte. Als er mich so sah, wie ich mich bewegte, fragte er mich, ob ich eine Lebende oder eine auferstandene Tote sei. Wenn ich ihm geantwortet hätte, ich sei eine Tote, hätte er seine Beine unter den Arm genommen und würde jetzt noch laufen. Aber da ich ihm gesagt habe, ich sei eine Lebende, ist er zeternd, mit aufgerissenen Augen auf mich zugekommen: Er hatte das Auto hüpfen sehen wie eine Ziege.

Ich war froh, ihn zu sehen, er war meinesgleichen, er war lebendig wie ich. Ich war froh, reden zu können, meine Angst von vorher und meine Freude von jetzt zu teilen. Ich lebte! Ich redete und redete. Ich erzählte ihm, was geschehen war, woher ich kam, wohin ich ging usw. Der Mann hörte mir zu, antwortete, erzählte, was er seinerseits gesehen hatte, aber während der ganzen Zeit sah er mich

nicht an, er schaute unter mein Gesicht. Dieses merkwürdige Verhalten hat mich schließlich wieder ganz zu mir kommen lassen, hat mein Selbst wiederhergestellt, das durch den Schock und die Angst verwirrt war.
Zuerst habe ich gemerkt, daß ich arabisch sprach, daß ich schon seit fünf Minuten arabisch sprach. Obwohl ich es doch jetzt schon Jahre nicht mehr sprach. Als Heranwachsende hatte ich die Lust verloren, die Ferien auf dem Gut zu verbringen, ich verbrachte sie lieber in Frankreich oder am Strand, wo wir jungen Franzosen unter uns waren. Meine Freunde waren alle Franzosen. In meiner Schule gab es nur Französinnen, auf der Universität gab es nur Franzosen.
Wer sprach mit diesem Mann? Das kleine Mädchen. Das kleine Mädchen, das ich gewesen war, das ebenso gut arabisch wie französisch sprach und das unversehrt aus dem Unfall hervorgegangen war. Diese überraschende Feststellung hat bewirkt, daß ich plötzlich nicht mehr arabisch sprechen konnte und anfing zu stammeln. Nur Brocken, Kauderwelsch, Kindersprache, wie sie die Franzosen mit den Dienstboten sprachen.
Dann habe ich gemerkt, daß der Arbeiter, wenn er mich nicht ansah, während ich sprach, wenn er tiefer schaute als meine Augen und mein Mund, daß er da auf meine Brust schaute. Tatsächlich hatten sich während des Unfalls die Träger meines Sommerkleids gelöst, das Oberteil war über den Gürtel gerutscht, und mein Oberkörper war nackt!
Schnell habe ich diese Schlamperei wieder in Ordnung gebracht, die um so peinlicher war, da Nicole auf meiner rechten Brust eine leuchtende Lippenstiftspur hinterlassen hatte, als sie auf mich gefallen war, einen wohlgeformten, klar abgedrückten, halbgeöffneten Mund von aufreizendem Rosa ... Innerhalb von Sekunden ist das kleine Mädchen verschwunden, und ich bin wieder eine würdige, scheue junge Französin geworden vor einem wilden und schlecht erzogenen Araber. Ich habe Angst gehabt, vergewaltigt zu werden. Ich habe geglaubt, dieser Araber würde meine Verwirrung ausnützen und mich vergewaltigen.
Statt dessen hat er Hilfe geholt.
Ich erinnere mich an meine Erleichterung, als ich den Lastwagen eines laut keifenden, recht vulgären französischen Kolonisten kommen sah. Er schimpfte, man würde ihm Mühe machen und die Frauen wären nicht dazu geschaffen, Auto zu fahren, sondern zu Hause zu bleiben. Gerettet ...

Wird mir das kleine Mädchen zu Hilfe kommen, wenn ich dort bin?
Aber ich glaube, daß es mit den Wundern ist wie mit den Bomben;
die fallen nicht zweimal auf denselben Menschen.

14. Mai

Die Reiseagentur hat mich angerufen, um mir zu sagen, daß das
Hotel Saint-Georges geschlossen ist und das Hotel Aletti besetzt.
Ich werde ins Hotel Aurassi gehen, das neu ist, das ich nie gesehen
habe, das ich mir nicht vorstellen kann. Es beherrscht anscheinend
das Zentrum; oberhalb der Post, des Totendenkmals, des Forums,
bei den Tagarins.
Gut, um so besser, ich werde meine Stadt unter einem unbekannten
Blickwinkel sehen.
Um so besser, das schreibt man schnell ... Mit dem Saint-Georges
entschwinden die Gärten. Ich zählte auf sie, um mich nicht zu verlieren.

Ich muß schreiben, warum ich diese Seiten fülle. Ich muß sagen, um
was es bei dieser Reise geht. Darum, meine Wurzeln wiederzufinden. Mich mit mir selbst zu konfrontieren. Die Orte meiner Anfänge wiederzusehen. All das ist kein Witz, es ist wahr. Aber warum
jetzt? Warum nicht vor zehn Jahren oder in zehn Jahren?
Weil ich mit meinem nächsten Buch nicht zu Rande komme. Weil
ich damit nicht weiterkomme. Kaum hundert beschriebene Seiten in
mehr als zwei Jahren. Andauernd Blockierungen, unüberwindbare
Mauern, die sich vor mir erheben. Der Eindruck, in einem Gefängnis zu sein, aus dem ich erst herauskomme, wenn ich dieses Buch
beendet habe. Der Eindruck, daß ich Kettenglieder meines Lebens,
manche Schlüssel verloren habe. Der Eindruck, daß ich zu französisch geworden bin, daß ich etwas vergessen habe, was?
Das hat angefangen, als ich das fertige Manuskript meines letzten
Romans abgegeben habe. Als ich mit leeren Händen von meinem
Verleger kam, geriet ich in Panik. Wie gewöhnlich in diesen Fällen
bin ich ausgeflippt: Ich werde nie mehr schreiben. Nie mehr werde
ich diesen Zustand erreichen, diese Unbewußtheit, diese Sammlung, diese Begierde, dieses Phänomen, durch das man sich in ein
Buch versenkt. Bei jedem abgelieferten Manuskript ist es das gleiche

Verlorensein: Ich habe kein Manuskript mehr in Arbeit, also bin ich nichts mehr. Ich bin ein Abgrund, ein Hohlraum, eine Leere. Und dann merke ich, daß sich das nächste Buch schon in mir vorbereitet hat, während ich das andere beendete.
Diesmal die Lust, vom Vater zu sprechen, vom Vater-Mann. Ja, aber das ist sehr unbestimmt, ich habe keine Struktur, ich spüre keinen Rhythmus, ich bekomme keinen genügend starken Schwung, um mich für mehrere Jahre in Stapel von Papierbögen zu werfen. Doch ich muß schreiben, sonst bin ich verloren.
So habe ich mich in die Geschichte von Klytämnestra vertieft, zum Spaß, um nicht «aus der Übung zu kommen», bis die Lust, über den Vater zu schreiben, bestimmter geworden wäre. Klytämnestra, das bin ich, denn sie hat drei Kinder, sie hat ihren Mann beseitigt, und sie ist eine mediterrane Frau. Ich schreibe, indem ich mich völlig mit dieser mythologischen Figur identifiziere.
Ich fahre in Urlaub und vergesse mein Manuskript, meine Klytämnestra im Zorn, weil ihre Kinder sie quälen, Elektra und Orest, die ihren Vater rächen wollen ... und Iphigenie, die sich nicht wieder erholt von ihrem mißlungenen Opfer ...
Ich kann nicht mehr schreiben.
Zelten am Ufer eines Sees in Quebec. Absolute Einsamkeit. Wildnis. Keine Menschen, keine Elektrizität, keine Motoren. Tiere, Pflanzen, Bäume, nachts maßlose Sterne, Wasserfälle. Ich lese *L'Œuvre au noir* von Marguerite Yourcenar. Lust, die Geschichte meines Vaters zu erzählen. Ich kenne sie nicht. So könnte ich mir einen Vater nach meinem Geschmack erfinden, indem ich die paar Elemente, die ich besitze, ausarbeite. Vorher dachte ich an den Vater im allgemeinen, ich dachte nicht an meinen im besonderen ... Seiten.
Zurück in Paris. Ich finde die vergessene Klytämnestra wieder, mein Vater ist gerade in einem Heft geboren worden. Notwendigkeit, sie zu verbinden. Unmöglichkeit, sie zu verbinden. Verzicht auf diese absurde Verbindung.
Ich fahre ein paar Tage mit meiner Tochter in die Normandie. Einsamkeit in einer feuchten, ozeanischen Natur, in einem Haus, das wegen der Ferien verlassen war. Holzfeuer. Meine Tochter und ich: Elektra und Klytämnestra vor den Flammen. Jede des Vaters beraubt. Die eine, weil er ein Vogel, ein Mythos, ein Gott ist. Die andere, weil ihre Mutter ihn beseitigt hat ... Aber auch meine Mutter hat meinen Vater beseitigt; ich bin Elektra gewesen, bevor ich

Klytämnestra wurde. Klytämnestra und Elektra, identisch und verfeindet wegen des Vaters.
Ich bin jetzt fünfzig, das Leben beginnt wieder. Eine neue Freiheit eröffnet sich den Frauen dieses Alters. Eine unendliche Freiheit, die ein ganzes Leben birgt, die reich ist an allem, was die Freiheit gewöhnlich nicht beinhaltet: Abstand, Erfahrung, Erinnerung, Reflexion, Wahl. Eine Freiheit, die an all dem auch krankt.
Gullivera, die Riesin, paralysiert von den Tausenden winzigen Söhnen der Erinnerung, des Gesetzes, der Wissenschaft, der Moral, der Familie. Gullivera, die diese Fesseln zerreißt, die ohne Bedeutung sind, oder zumindest deren relative Bedeutung sie kennt, und die Klytämnestra mit dem Vater vereint. Inzest, Mord, Macht.
Die Tabus, das Heilige, die Mythen. Daran rühren heißt, an Gott rühren, am Mann rühren. Ein gefährliches Unternehmen, dem ich mich seit zwei Jahren widme, indem ich versuche, mein Buch zu schreiben. Ich stürze andauernd und verletze mich. Ich stoße mich am Unwissen, meinem und dem der anderen. Um in diesem Dunkel vorwärtszukommen, habe ich nur ein kleines Licht: mein Leben. Es würde nicht genügen, wenn mich nicht von überallher, aus allen Himmelsrichtungen, Briefe, Worte, Stimmen, Sätze, Blicke, Hände erreichten, die als Antwort auf meine vorhergehenden Bücher sagen: «Wir sind gleich», und die mich zwingen, weiterzumachen.

Ich bin leider – oder glücklicherweise, ich weiß nicht – weder Dichterin noch Philosophin, mein Buch wird sich also nicht auf den Gipfeln dieser Künste aufhalten; wie all meine anderen Bücher wird es sich im Alltäglichen, im Banalen, in der Materie aufhalten, da ist die Quelle meiner Kraft. Eine zerbrechliche Kraft, die sich auf die großen, morastigen Wege der Existenz wagen will, ohne sich auf die Krücken dessen zu stützen, was schon theoretisiert, wissenschaftlich bewiesen, von dem Menschen bestimmt ist.
Es gibt kein Schon, nichts ist ausgemacht, alles ist in ständigem Werden. Man muß Frau sein, um im Leib selbst, im Allerklarsten und doch Allergeheimnisvollsten, zu spüren, wie die Fesseln der Menschheit einschneiden. An die Mythen heranzugehen, diesmal aber mit dem Kopf und den Augen einer Frau, das möchte ich meinen unwahrscheinlichen Anspruch nennen. Doch ich weiß, daß ich mit der größten Demut in diesen Strom tauchen muß.
Demut des Ausgangs, des Beginns, der Geburt. Ohnmacht und Macht des ersten Lebensfunkens. Für mich ereignet sich das in Algerien. Nicht weil ich dort geboren bin – meine Geburt hat keine Bedeutung –, sondern weil die Rhythmen des Universums, die allen Menschen gemein sind, dort in mich eingedrungen sind, dort habe ich sie erfahren. Um weiter mit den anderen leben zu können, muß ich dorthin zurückkehren, diese Rhythmen von neuem in mich eindringen lassen, die ältesten Echos des Blutes, das in mir pulsiert wie in uns allen, wiederfinden. Denn dort habe ich sie zum erstenmal wahrgenommen. Ich brauche diese Umgebung, diese Hitze, diese Palmen, diese Sprache, diese Wellen, diesen Boden, diese Gerüche, dieses Trockene, dieses Faule, um vielleicht zu finden, was ich suche. In Frankreich wird es mir nie gelingen.
So ist es keine sentimentale Reise, die ich unternehme. Es ist eine Science-fiction-Reise: einsteigen – eine Person, ich in diesem Fall – in die ausgetüftelteste Maschine, die je ersonnen wurde, und aufbrechen zur Suche nach einem einfachen Ausgangspunkt, einem archaischen, ersten ursprünglichen Zucken: eine Kreatur.

Die Hunde sind los, sie sind in wilder, toller Jagd davongeprescht. Sie laufen auf der Olivenallee bis zum Wald oben auf dem Hügel, dann hinunter bis zum Gut. Behindert durch die parallelen Reihen der Weinstöcke, jagen sie im Zickzack. Ihr Gebell zerreißt die laue Nacht. Sie sind zu acht. Sie haben sich das Gebiet gleichmäßig auf-

geteilt. Mit ihrem unaufhörlichen Kläffen verständigen sie sich über ihren Standort und ihre Beute. Sie hetzen die Schakale. Diese Füchse des Schattens, Hühnerdiebe, schlaff, räudig, mutig, heulen um Leben und Tod. Für Momente schwingen sich ihre hervorgestoßenen Wehklagen bis zum Mond hinauf. Mit hängendem Schwanz, wie Hunde, die Angst haben – aber es sind keine Hunde –, schleichen sie von einem tiefen Schatten zum anderen. Sie wissen um die Gefahr und begegnen ihr mit List. Sie haben Hunger, sie wollen fressen, sie wollen die Abfälle des Hauses, Zicklein, wenn es geht, oder kreischendes Geflügel.
Alle auf dem Gut haben die gierige Meute gehört. Jeder regt sich auf seiner Matratze oder seiner Strohmatte. In den Behausungen der Arbeiter weint ein Säugling, eine Frau legt ihn an ihre braune Brust, und sie schlafen zusammen wieder ein.
In Vollmondnächten stellt sich das kleine Mädchen oft ans Fenster. Es sieht weder die Hunde noch die Schakale, aber es errät sie. Es erkennt das Gebell von Boy, von Stop, von Baïta, von Gribouille und sogar das von Damia, die so alt ist, daß sie sich bei lebendigem Leib von den Flöhen fressen läßt. Das kleine Mädchen sieht die Pfeffersträucher vor dem Haus, sie lassen ihre Zweige auf den Lehmboden hängen. Es sieht die traubenbehangenen Weinberge, die sich nachts ausruhen, bevor sie sich wieder der Sonne ausliefern. Es sieht bis ins Unendliche mondbeschienene Hügel. Die Hunde wachen, sie balgen sich. Alles ist in Ordnung.
Im Morgengrauen werden die Hyänen mit ihrem irren Frauengelächter die Kadaver der gerissenen Schakale suchen. Die Hunde lassen sie, denn sie fressen weder das eine noch das andere Fleisch.

Die Erinnerungen sind Honig, um mich zu fangen, nicht das Gedächtnis. Die Erinnerungen sind meinem Leben angemessen, das Gedächtnis geht über mich hinaus.
Oft verwechsle ich die beiden.
Reise ins Land der Wurzeln. Ich habe schon einmal diesen Baum des brasilianischen Sertão beschrieben, der sich, um Wasser zu finden, so tief eingräbt, daß man an der Oberfläche nur dicke Büschel von ihm sieht. Diese Büschel sind die Enden seiner Äste, denn in Wirklichkeit ist der kolossale Baum mehr als zehn Meter hoch...
Ich tue das Gegenteil, ich treibe, ich gleiche einem Esel von Chagall. Die Erinnerungen hängen sich an die Tage, das Gedächtnis an die Nächte.

Gewitternächte. Die Windstöße peitschen den Regen gegen die Wände und Fensterläden des Hauses. Die Elemente machen ein großes Getöse, das den Raum erfüllt und die Menschen mit dem Jenseits verbindet.
Mein Bett ist ein Kahn im Schutz seines Hafens. Der Hafen von Algier ist nachts geschlossen. Die klapprigen Frachter müssen am Eingang der Bucht den Sonnenaufgang abwarten. Ihre verrosteten Buge tauchen in die Wellen und kommen tropfend wieder heraus. An Bord mühen sich die Männer ab, damit sich der mit Gewürzen und Hickoryholz schwer beladene Rumpf nicht auf die Seite legt. Die Schiffe lassen ihre Nebelhörner stöhnen.
Die hohen Wellen treiben Tonnen von Wasser vorwärts, die sie gegen die Felsküste werfen. Zehn Meter höher gleicht die Uferstraße einem tobenden Sturzbach.
Die verängstigten Kinder können in den Sturmnächten nicht schlafen. Sie horchen auf den Frieden drinnen und den Krieg draußen. Warum ist der Hafen nachts geschlossen?
Warum ist der Tod gleichzeitig so ernst und so wenig ernst? Warum die spektakulären und tragischen Riten der Beerdigungen und die Gleichgültigkeit gegenüber dem Tod selbst, die Resignation vor ihm? Wie soll man ruhig schlafen, während nebenan Matrosen jeden Augenblick den Schiffbruch riskieren? Warum ist der Hafen nachts geschlossen?
Die Sirenen gehen durch und durch. Der Wind zerreißt ihre Klagen und trägt die Fetzen bis in das Zimmer des aufmerksamen kleinen Mädchens, das ernst im Bett sitzt. Was ist das, der Tod? Der Tod, ist das der von den Würmern angefressener Leichnam, oder sind der Tod die Würmer, die den Leichnam anfressen? Nährt der Tod das Leben oder gerade umgekehrt? Gibt es eine Falle, in die ich geraten bin? Ist die Freiheit die Grenze meines Gefängnisses?
Die Nacht vergeht langsam. Wie lange dauert es noch bis zum Rattern der ersten Obst- und Gemüsekarren, die auf die Märkte fahren? Wann wird die erste Straßenbahn an der Haltestelle nebenan halten? Der Tag wird lange brauchen, um die Gewitterwolken zu durchdringen. Aber noch bevor es ihm gelingt, wird das Schwarz trotzdem grau werden. Irgendwann, wenn die Nacht immer noch Nacht scheint, wird es dennoch nicht mehr Nacht sein. Der Sturm wird nicht mehr derselbe sein, der Wind, das Meer und der Regen werden sich verändert haben. Ich weiß es. Warum diese Veränderung, und warum spüre ich das?

Kaffeegeruch, Geräusch nackter Füße auf den Kacheln der Flure.
Hast du gut geschlafen?
Ich habe gut geschlafen, danke.
Die Kinder werden schnell älter in dem kleinen Licht ihrer Nachttischlampe.

Feriennächte, Sommer. Es ist heiß, das Leintuch ist heiß, die Luft ist heiß, der Duft der Tamarisken, der sich mit dem der Wunderblumen vermischt, ist heiß wie eine feuchte Achselhöhle. Beine und Arme sind ausgestreckt, um Kühle zu suchen. Die Nacht streichelt. Im Mondschatten reiht das Meer seine kleinen Wellen sanft, eine nach der anderen, auf dem Strand auf mit einem Geräusch wie von Seidenpapier. Sie sind so klein, daß sie nicht einmal Schaum bilden. Der Sand verschluckt sie sofort. Strömen und Zurückströmen in langsamem Rhythmus.
Unter meinen Handflächen und meinen Fersen, unter meinem Becken und meinem Rücken das weiche, tausendmal gewaschene Leintuch. Rhythmisch wie das Meer, berühre ich es kaum. Und auch mein Kopf bewegt sich sanft von links nach rechts, von rechts nach links. Hin und her. Hin und her. Ich wiege mich, ich berausche mich an diesem Wiegen. Hin und her. Ohne sich zu bewegen, übernimmt der Körper den Rhythmus. Von unten nach oben, von oben nach unten. Ein bißchen Luft gleitet jedesmal über mein Kreuz. Das ist gut, das ist kühl. Wieder, wieder und wieder.
Der Mond webt einen weißen Schleier mit silbernen Reflexen. Einen Hochzeitsschleier. Ohne müde zu werden. Er schickt das Wellenschiffchen von einem Kontinent zum andern. Hin und her, ohne sich je im Weg zu irren. Die Nacht ist jetzt größer, tiefer, lebendiger, denn der Minzgeruch kommt mit dem Rosmaringeruch bis hierher. Das Seufzen der Wellen ist jetzt lauter.
Während der drückenden Sommernächte ist der Bauch des kleinen Mädchens, das auf ein wenig Luft wartet, um einzuschlafen, ein Becken voller Liebe. Ich weiß, daß der unveränderliche Rhythmus, in dem sich das Meer und mein Körper wiegen, der der Liebe ist. Ich weiß nicht, warum ich das weiß, aber ich weiß es. Und vielleicht gerade weil ich die Liebe nicht benennen kann, ist sie so groß, so wichtig, so ernst. Ein regelmäßiger, wechselnder Rhythmus: das Andere – ich, ich – das Anderswo, das Unterschiedliche – ich, ich – das Äußere. Das Universum und ich, ich in ihm, es in mir. Vollkommen.

Dadurch, durch dieses heiße Wiegen, wird das Leben verlängert. Unerklärliches Gedächtnis des Lebens, das von einer Bewegung zur anderen geht, um sich fortzusetzen, sich fortzusetzen, sich fortzusetzen in alle Ewigkeit... Die Gestirne wandern, der Stein ist gewichen, weil die neue Kapuzinerkresse, die ans Licht will, ihn mit ihren hartnäckigen Ranken verdrängt hat, das Kind in einem Bauch entwirft seine erste Schlafhaltung.
Die Sterne und Monde des Gitters vor meinem Fenster sind das Firmament eines glücklichen kleinen Mädchens, das sich danach sehnt zu lieben. Die Männer ringsumher liegen auf der Lauer. Warum die Männer?
Hast du gut geschlafen heute nacht, mein Liebling?
Ja, Mama.
Die Eltern vergessen die nächtlichen Feuer der Kindheit.

Kurze, schwere Nächte der Weinlese. Die erschöpften Arbeiter sind auf dem blanken Erdboden des Hofes eingeschlafen, eingerollt in ihre Burnusse. Sie sind von überallher gekommen, um hier zu arbeiten, um ein paar Sous zu verdienen.
Es sind die Nächte der größten Hitze. So als wären sie noch heißer als die Tage, als hätte die untergehende Sonne die ganze Hitze freigesetzt, die sie während des Tages angehäuft hat und die jetzt wie Glut vom Boden aufsteigt. Niemand schläft außer den ermatteten Weinlesern. Die Betten sind Öfen, das Wasser der Dusche ist eine Suppe, die Fächer rühren einen heißen Brodem um. In den Zimmern bleibt das Licht an, ein heller Streifen unter jeder geschlossenen Tür. Die Weinernte bewegt die Geister, erregt sie, ängstigt sie. Sie ist das Barometer für unseren Reichtum und für das Elend der Araber. Je nachdem, ob sie gut oder schlecht ist, ob der Wein mehr oder weniger stark ist, wird das Geld mehr oder weniger rar sein. Sie ist die Frucht von einem Jahr Arbeit der Männer und von den Launen der Jahreszeiten. Im Kopf hat man die Erinnerung an die Feldarbeit und das Spritzen, aber auch an den Rauhreif vom Januar, den Hagel vom Februar und die Regengüsse vom März. Zuviel Regen macht dicke Trauben und dünnen Wein...
Die Jahreszeiten. Die Arbeit. Das Geld.
Es gibt Zyklen. Es gibt Wiederholungen, die keine Leier sind. Alles ist immer gleich, und nichts ist je gleich. Die Fortschritte geschehen in diesen Wiederanfängen. Fortschritt wohin? Für was? Wie? Es gibt keine Sicherheit.

Arbeit und Geld konfrontiert mit dem Zufall.
Und was ist Zufall?
Es ist noch mitten in der Nacht, doch die Arbeiter stehen auf. Man hört die Hufeisen der Maultiere gegen den Kies des Hofes schlagen und das Rattern der Karren beim Keller. Die Hitze hat heute nacht nicht nachgelassen. Man fragt sich, welche Hölle sein wird, wenn die Sonne aufgeht.
Auch die Herrschaften sind aufgewacht. Um den Tisch sitzend, trinken sie ihren Kaffee, ohne ein Wort zu sagen. Die Frauen haben leichte Morgenmäntel an, die Männer sind hemdsärmlig.
Du bist schon auf, Moussia!
Ich kann nicht mehr schlafen.
Aber das Beste, das man tun kann, wenn es so heiß ist, ist im Bett bleiben.
So können sich die Kinder dem Zufall aussetzen.
Also, warum gibt es kleine Weinleser, die nicht einmal zwölf Jahre alt sind? Eingezwängt in die Karren mit ihren älteren Geschwistern, oft ihren Vätern oder ihren Onkeln, verschwinden sie im Dunkel. Sie dösen. Wenn die Sonne aufgeht, werden sie bei der Arbeit sein. Weit weg, jenseits der Hügel.
Und ich, die ich so alt bin wie sie, kann im Bett bleiben. Warum?

20. Mai

Ich reise in drei Tagen. Übelkeit überkommt mich beim Gedanken an diese Abreise. Ich habe Zahnschmerzen. Es kommt mir vor, als hätte ich nie eine so gefährliche und so weite Reise wie diese unternommen. Alles macht mir angst. Wenn ich nur nicht so krank werde, daß ich nicht abreisen kann. Wenn es soweit kommt, werde ich mich für einen Feigling halten, dann werde ich nicht mehr die geringste Achtung vor mir haben.
Gestern habe ich *Femmes d'Alger dans leur appartement* von Assia Djebar gekauft. Das Buch macht mir Herzklopfen. Sie sind mir so nah, diese Frauen, und so fern.
Die Straßen von Paris sind mir seit einigen Tagen total fremd geworden. Ich betrachte die Architektur und die Leute wie ein Ethnologe. Merkwürdige Bräuche. Merkwürdige Sitten. Merkwürdige Gerichte. Merkwürdige Vegetation.

Ich erinnere mich, daß mich in meiner Kindheit, wenn wir nach Frankreich kamen, die Kastanienbäume mehr beeindruckten als die Schlösser und die Museen. Ich fand sie raffiniert, königlich, zivilisiert. Bei mir gab es Platanen und Palmen, stattlich, riesig, aber von ihrer Rinde, von ihrem Stamm vor allem ging die Barbarei, die Primitivität aus. Die Kastanienbäume hingegen waren gemacht für diamantenbesäte Prinzessinnen, die Schäferinnen spielten, für Bücklinge, für geschliffene Sprache, für Satin, um die Alleen mit den Kutschen zu säumen. Das französische Land verblüffte mich, es war derart grün, es war derart aus kleinen Stücken gemacht. All das frappierte mich und langweilte mich schließlich. Dieses Mutterland, wie fade, alles war da gut, sogar das Unkraut! Ich sehnte mich danach, wieder heimzukommen.
Die Leute gab es nicht, ich begegnete ihnen nicht. Wir wohnten im Hotel, wir statteten unserer Familie in der Hauptstadt protokollarische Besuche ab. Als ich mich in Frankreich niederließ, bin ich Leuten begegnet, manche sind Freunde geworden, aber mir fehlt immer ein Schlüssel, der Schlüssel ihrer Erde. Ihre Anspielungen, auf die Bretagne, die Auvergne, das Elsaß oder das Limousin, rufen nichts in mir wach, lassen mich sie nicht besser verstehen, und ich schrecke jedesmal zurück: Das sind Fremde ...
Heute wage ich nicht, heimzukehren, nach Algerien, weil das auch zur Fremde geworden ist. Überall ist für mich Fremde.
Gestern habe ich mit meiner Tochter bei meinem Verleger einen Vertrag unterzeichnet. Wir werden ein Buch über diese Reise machen. Ich brauchte einen Auftrag, ich brauchte eine Verpflichtung, eine Aufgabe, ein Examen, dem ich mich unterziehen mußte. Ich kann nicht mehr zurück.
Niemals unterzeichne ich einen Vertrag für ein Manuskript, das ich noch nicht fertig habe ...

Die Liebe, der Tod, die Arbeit, das Geld, der Zufall. Das alles in mir wie in jedem menschlichen Wesen. Ja. Aber entdeckt, erfahren, erlebt, reflektiert im Zusammenhang mit gewissen Weinbergen, gewissen Hunden, gewissen Stränden, einem gewissen Fenstergitter, einem gewissen Hafen, gewissen Liedern. Ich bemerke, daß diese tiefen Wurzeln der Leute bei mir so sehr mit den Szenen meiner Kindheit verflochten sind, daß in meinem Kopf der Tod, die Liebe, die Arbeit, das Geld, der Zufall algerisch sind. In meinem Kopf und

auch in meinem Körper ... Der Tod gehört zu den zerfurchten Gesichtern der Klageweiber, die Liebe zur Siesta, die Arbeit zur Hitze, das Geld zum Betrug, der Zufall zu einem geflügelten Pferd.
Unmöglich, mir diese Assoziationen abzugewöhnen. Außerdem glaube ich, daß ich gar nicht den Wunsch habe, mich von diesen Accessoires zu trennen. Ich kann sie nicht als Accessoires betrachten, ich finde sie ebenso wesentlich wie die Liebe, den Tod usw. Diese französische Gewohnheit, die Empfindungen auf die eine Seite und die Vernunft auf die andere zu stellen, mag ich nicht, denn ich persönlich kann sie nicht trennen.

Auf den Anhöhen Algiers hatte meine Mutter für das Rote Kreuz einen Hort eingerichtet, in dem Kinder aus den unteren Vierteln aufgenommen wurden. Ein Bus sammelte sie morgens ein und brachte sie abends zurück. Sie hatte als Chef des Küchenpersonals einen Kabylen angestellt, den sie schon von früher kannte: Tounsi. Ein sorgfältiger, gepflegter, integrer, friedlicher Mensch und ein ausgezeichneter Koch. Dazu bezeugte Tounsi meiner Mutter eine ausgesprochene Ehrerbietung und ertrug nicht, daß man sie störte oder belästigte.
Als es in Algier brenzlig zu werden begann, als sich die Attentate und Plastikbomben häuften, geschah jede Bewegung dessen, der beschlossen hatte auszugehen, auf eigene Gefahr. Meine Mutter aber mußte jeden Morgen und jeden Abend quer durch die Stadt gehen. Sie konnte ebensogut Zielscheibe sein für die OAS, da sie Kinder der widerspenstigen Casbah betreute, wie für die FLN, weil sie diese Kinder in den französischen Schoß aufnahm ... Die Unsicherheit war total und das Mißtrauen umfassend. Jeder war ein möglicher Mörder. Jeder, außer Tounsi.
Eines Tages, als die beiden über ein Blutbad sprachen, das sich nicht weit von dem Hort abgespielt hatte, sagte Tounsi:
Wenn die *fellagha* mir den Befehl geben, dir den Hals abzuschneiden, Madame Marcelle, dann brauchst du dich nicht aufzuregen.
Meine Mutter wußte das, war aber trotzdem froh, es zu hören.
Ich weiß, Tounsi, ich vertraue dir.
Du kannst mir vertrauen, Madame Marcelle, ich werde dir den Hals während der Siesta abschneiden, und du spürst überhaupt nichts.
Es war kein Zynismus in Tounsis Worten. Er war selbstsicher, ruhig, nie hatte er meiner Mutter einen größeren Beweis seiner Achtung und Zuneigung gegeben.

Meine Mutter hatte ihn wohl verstanden, sie war auch dort unten geboren, und weinend erzählte sie diese Geschichte. Sie fügte hinzu: «Wenn man uns unsere Kirchen läßt, gehe ich nicht weg von hier, ich werde nicht nach Frankreich ziehen.»
Sie ist trotzdem nach Frankreich gezogen, wo sie kurze Zeit später, völlig verwirrt, gestorben ist.

Doppelte Kultur, doppelte Freiheit, könnte man glauben, aber das Gegenteil ist der Fall. Die Freiheit kann nicht auf zwei verschiedene Arten gelebt werden. Man braucht eine große Gewandtheit, um von einer Freiheit zur anderen hinübergehen zu können, und vielleicht ist diese Gewandtheit eigentlich sogar Doppelzüngigkeit. Die Freiheit ist ein Paradiesvogel, aber der ist ein Haustier. Sobald er den Clan, den er bezaubert, verläßt, verliert er seine besten Federn; mit nacktem Bürzel und nackten Flügeln kann er nicht davonfliegen, er gackert und rackert sich am Erdboden ab, er ist nur noch ein gewöhnliches Huhn.

23. Mai

Ich fliege in wenigen Stunden.
Zwei Tage habe ich nicht geschrieben.
Dennoch ist dieses zukünftige Buch mein Ankerplatz, mein Hafen geworden. Ich verlor meine Substanz durch alle Poren meiner Haut, durch alle Schwingungen meines Geistes. Ich war in großer Gefahr zu sterben. Dorthin zurückzukehren war ein so unsinniges Unternehmen, daß ich mich selbst floh, meinen Körper verließ, der überall zu leiden anfing: Schwindel, Zahnweh, Kopfweh, Bauchweh, Schlaflosigkeit. Extreme Müdigkeit. Krebsphantasien. Krankenhausvisionen. Ich lasse mich gehen.
Und dann der unterzeichnete Vertrag, das Buch, das ich abzuliefern habe. Ich habe erklärt: «Das ist ein Buch, das ich gleich machen muß oder überhaupt nicht. Ich werde Ihnen das Manuskript gegen Ende Juni liefern.» ... Das ist alles. Seither bin ich mit Dingen wie Schreibmaschine, Kohlepapier, Abgabetermin beschäftigt. Mein Problem ist geworden: Wie kann ich meine Tage da unten organisieren, so daß ich tippe, was ich schon geschrieben habe, und Aufzeichnungen mache über das, was ich sehen werde? Ein Job wie jeder andere eben. Ich habe mich gepanzert, ich habe die Abwehr organisiert. Ich sage mir: «Gleich fahre ich nach Algier», als hieße das: «Gleich fahre ich in den Midi!» Die Würfel sind gefallen.
Wir werden ja sehen ...

Heute morgen in der Dämmerung meines Abreisetags, als ich die Hausmeisterin die Mülleimer hinaustragen höre, denke ich zugleich an die Nachtwachen der Ritter und an die Störche. Komische Ideen.
Warum die Ritter?
Die Schulbücher meiner Kindheit waren französisch, gemacht für kleine Franzosen, die in Frankreich lebten. Der Rhythmus unbekannter Jahreszeiten durchzog sie mit Stechpalmenblättern, Maiglöckchenstengeln, eingeschneiten, strohgedeckten Häuschen, Schülern in Holzpantinen ... Unverständliche Schimären. Wie alles in diesen Büchern, außer den Kreuzzügen, wo die Franzosen auf die Araber trafen. Obwohl die letzteren auf den Bildern wie große Mamamuschis aussahen, aber warum auch nicht, die Franzosen sahen in ihren Rüstungen ja auch aus wie Gliederhaubitzen.

Das Rittertum gefiel mir, und den Ausdruck «zum Ritter schlagen» konnte ich mir leicht merken, gleichzeitig mit den Wörtern Disziplin, Notenheft, Schulmappe usw. Die Ritter mußten eine ganze Nacht, ohne zu schlafen, mit Beten zubringen, ehe sie den Ritterschlag erhielten. Dann zogen sie, glänzend und metallisch, aus, um Christus, die Frauen, die Kinder und die Alten zu verteidigen – in dieser Reihenfolge.
Ich sah mich selbst hoch oben auf einem Turm, wie ich mit einer spitzen Haube und wehenden Schleiern einem schönen, wie eine Sardinenbüchse schimmernden jungen Mann Adieu sagte, der ein Paradepferd ritt und ein Banner schwenkte. All das für mich, um mich vor den Ungläubigen zu schützen.
Aus meiner Situation, acht Jahrhunderte später, betrachtet, war der Erfolg durchschlagend, die Araber waren besiegt, das war evident.
Der ganze Rest dieser Geschichte war viel zu subtil für mich. Ich muß gestehen, daß mich die Kämpfe um den Piemont, um Flandern oder Elsaß-Lothringen kalt ließen. Wo war das alles? Jedenfalls weder bei Oran noch bei Constantine.
Heute nacht habe ich keine Minute schlafen können, und gleich breche ich zum Kreuzzug auf ...

Und die Störche?
In Algerien gab es viele Störche. Aber sie waren nur vorübergehend dort, ihr richtiges Land war wohl das Elsaß. Sie sind elsässisch, wie der Bär sowjetisch, der Elch kanadisch und der Tiger bengalisch ist. Störche bringen Glück und begleiten die Babies. Daher meine Vorstellung, die Babies wären immer ein bißchen elsässisch. Das war logisch. Aber die arabischen Babies? Vielleicht sündigten sie irgendwo unterwegs, ich wußte nicht wo. Weiß der Himmel. Ich habe das Problem nie geklärt.
Bei uns auf dem Gut hatten die Störche ein riesiges Nest auf dem Kamin des Wohnzimmers gebaut. So ein Glück! Ein rechter Segen für die Familie, ein Schutz des Himmels! Zweifellos hatte sie ein guter Geist hierhergeführt. Macht nichts, wenn wir durch den guten Geist dauernd eingeräuchert sind! Macht nichts. Und da geht es los mit Elsaß und Lothringen und Liedern dazu: «Elsaß und Lothringen werdet ihr nicht kriegen ...», und mit Jeanne d'Arc, der Jungfrau: «Als ich durch Lothringen kam mit meinen Holzschuhen ...» Und

den Pickelhauben. Und dem Verlobten meiner Mutter, der im Krieg von 1914 getötet worden war. Ah, wenn sie den geheiratet hätte statt meinen Vater ... Und den Boches ... Und ... Inzwischen hatten die Störche ein riesiges Nest gebaut, das ringsum überhing, als hätte der Kamin einen Strohhut auf. Und sie klapperten mit dem Schnabel wie die Irren, es hätte Tote aufgeweckt. Am Ende des Winters brachen sie wieder auf, Richtung Elsaß, mit einem, manchmal zwei recht kräftigen Jungen, die sie mit unseren grünen Fröschen und blauen Nattern gefüttert hatten. Sie konnten nicht bei uns bleiben, sie mußten nach Frankreich zurückkehren, es wäre ihnen zu heiß geworden, den Ärmsten ...

Die Straßenkehrer sind dabei, den Kehricht aufzusammeln. Ich schaue ihnen zu. Es sind alles Afrikaner. Ich frage mich, ob morgen in Algier die Franzosen den Kehricht aufsammeln werden. Ich werde es nachprüfen.
Wozu diese feinen Scherze? Habe ich Angst?

Timgad, eine römische Stadt. Eine große Stadt, deren Anlage noch leicht zu übersehen ist. Mit ihren Hauptstraßen, wo die Wagenräder Spuren ins Pflaster gegraben haben, mit ihren Sträßchen, ihren Plätzen, ihren Kreuzungen. Mit ihren Häusern, die keine Dächer und fast keine Mauern haben, aber deren Grundrisse klar sind; man kann immer noch leicht von Zimmer zu Zimmer gehen. Mit ihren Triumphbögen, ihren Tempeln.
Erste Eskapade der Heranwachsenden. Für den Preis welcher Lügen, welcher Frechheiten? Ich weiß nicht mehr.
Zwei Zelte, aufgestellt in den leeren Ruinen, die nicht bewacht waren. Ein Zelt für die Mädchen, ein Zelt für die Jungen ...
Unmöglich, schlafen zu können, so groß ist die Neugierde. Neugierde auf alles. Die anderen schlafen. Sie haben weniger lügen müssen, um da zu sein. Oder sind sie vielleicht klüger?
Es ist fast Tag, noch nicht ganz. Im Osten wird die Nacht rosa. Die alten Steine unter meinen nackten Füßen sind sanft und kühl. Sie sind so gut aneinandergepaßt, daß das Unkraut trotz der Jahrhunderte und der großen Winde, die die Samenkörner säen, sich schwertut, dazwischen zu wachsen. Überall um mich her sind nur zerstörte Bauten. Wie viele tausend Einwohner lebten hier? Nicht nur Solda-

ten, sondern sicher auch Bürger, Männer und Frauen mit ihren Kindern. Bauern, Krämer. Eine Stadt wie jede andere, geschaffen, damit Leute dort leben.
Ich wage mich vor.
Der Eindruck, eine Welt zu stören, indiskret zu sein. Alles schläft noch. Störe ich die Bewohner?
Die Kolonnaden erscheinen extrem hoch und lang, weil sie nichts mehr tragen. Sie erheben sich. Sie zeugen seit langem davon, daß ein Volk von Eroberern dort gelebt hat. Und daß es tot ist. Sie haben seinen Platz eingenommen und leben unbeweglich, steif und schön.
Der Tag bricht an, und ich schlendere weiter. Herumtreiberin. Schwindlerin. Fremde. Einzelgängerin.
Plötzlich neben mir ein Lärm; ein barsch wiederholter Verweis, eine aggressive Warnung. Halt! Ein Dröhnen von hartem Holz, ein Gepolter von Steinen, ein Geklirr von Eisen.
Mein Herz klopft. Ich habe die Geister der Zenturionen gestört, ich habe die seit Jahrhunderten schlafende Garde geweckt, ihre Lanzen stoßen aneinander, ihre Schwerter berühren sich. Ich bin weit weg von den anderen.
Ich habe unabsichtlich Alarm geschlagen. Die Stadt ist erwacht, sie ist auf Kriegsfuß, sie organisiert die Abwehr. Von überall her erschallt rasendes Geklapper.
Das sind die Störche, die die Sonne begrüßen, sie nisten in Timgad zu Tausenden. Hüter der einstigen Eroberungen, Boten der Kriege. Sie haben so viele gesehen. Ihre langen Klapperschnäbel rufen die vermeintlichen Truppen zum Abmarsch zusammen, trommeln die Ritter zum Kampf. Kreuzfahrer, Germanen, Araber, Römer, Franken. Alle gierig, Land zu nehmen, zu raffen, Schätze zu stehlen.
Die Störche kommen und gehen. Sie überqueren das Mittelmeer.

23. Mai. Orly

Ein Freund hat mich begleitet, und ich kann ihn nicht loslassen. Ich habe einen entsetzlichen Bammel. Ich schaffe es nicht, mich für die Polizeikontrolle einzureihen. Man könnte meinen, ich würde zur Schlachtbank geführt. Es ist lächerlich. Mir kommen die Tränen, peinlich, aber sie erleichtern ein wenig meine Brust und meinen

Bauch. Ich habe das Gefühl, blockiert zu sein, nicht mehr atmen zu können. Viele Algerier stehen mit mir in der Schlange und drängen sich dann mit mir im Wartesaal. Manche sprechen mit kabylischem Akzent, ich wundere mich, daß ich ihn erkenne in meiner Verwirrung.
Ich habe mich nicht getäuscht, der Mann, der sich im Flugzeug neben mich setzt, ist ein Kabyle. Er teilt es mir während des Flugs mit. Er ist extrem höflich und hilfsbereit. Sofort kommen mir viele Erinnerungen an das Verhalten des algerischen Mannes, und ich denke, daß ich nicht mehr jung bin. Aber es ist bei diesen Männern eher angenehm für eine Frau, älter zu sein. Wir plaudern, ich versuche, von den Ereignissen in der Kabylei zu sprechen, aber er wird lakonisch, er hat keine Lust, darüber zu sprechen, er will sich nicht ärgern. Mit dem Finger zeige ich ihm den Mond am sonnenhellen Himmel. Er schaut ihn an und sagt:
Vor fünf Tagen ist er aufgegangen.
Na gut. Ich habe nichts hinzuzufügen. Wie viele Jahre habe ich mich nicht mehr um den Mond gekümmert?
Die Balearen. Das Mittelmeer ist herrlich. Blau, ein Blau, das nur ihm gehört. Es macht mich sehnsüchtig.
Kurze Zeit später eine Küste, die Küste, meine Küste. Ich bin gespannt, von welcher Seite wir ankommen. Fort-de-l'Eau? Sidi-Ferruch? Fort-de-l'Eau. Algier ist auf der anderen Seite des Flugzeugs, ich kann es nicht sehen. Ich verdrehe meinen Hals, aber ich sehe nichts. Das Flugzeug geht tiefer. Es dreht, um zu landen, es geht noch tiefer.
Jetzt sehe ich ALGIER.
Die Klippen von El-Biar sind höher als in meiner Erinnerung. Ich finde alles schöner, aber ich verkneife mir, es zu denken. Die Tränen kommen hoch und fließen. Ich drücke mich ans Fenster. Ich pfeife aufs Heulen, ich habe ja wohl das Recht dazu, oder? Was ist daran schlimm? Man darf die anderen nicht stören, darf sich nicht exhibitionieren. Ich finde, alles ist grün, alles ist schön. Wir fliegen über ein Gut mit einer Palmenallee und über eukalyptusgesäumte Äcker. Das Flugzeug rollt jetzt auf dem Boden. Auf den Feldern zwischen den Landepisten mischen sich wilde rosa Blumen unter das Grün, Winden, glaube ich, ich hatte nicht genug Zeit, sie richtig zu sehen.
Da bin ich.

23. Mai. Algier

Ich bin völlig aufgewühlt. Wie ein Bombenhagel gehen Lichter, Gerüche, Farben, Gesten, Geräusche auf mich nieder. Ich möchte alles sehen und sehe nichts. Mein Kopf ist wie eine schwingende Glocke.
Ich weiß nicht, wie ich es anstelle, aber ich bin die erste, die aus den Kontrollen hervorgeht. Es drängt mich zu sehen, alles zu sehen.
Monsieur M. und sein Sohn holen mich ab. Sie wurden von Thérèse über meine Ankunft benachrichtigt. Sie sind nett und diskret. Sie wissen, daß ich lange nicht hier war.
Wir fahren Richtung Algier. Die gewohnte Straße. Der Johannisbrotbaum. Da ist viel gebaut worden. Ich suche die endlose Mauer, auf der in drei Meter hohen Buchstaben gestanden hatte: «Fabrik CARDINAL.» Sie ist nicht mehr da, Herr M. sagt zu mir: «Da ist es, da war es, gleich hinter dem Versuchsgarten.» Ich pfeife drauf.
Ich möchte mich durch keine Einzelheit mehr gefangennehmen lassen, denn jetzt habe ich Algier vor mir.
Welche Freude, dich wiederzusehen, welch tiefe Freude! Guten Tag, meine Mutter, meine Schwester, meine Freundin. Du bist noch schöner als vorher. Ich habe schon einmal geschrieben, daß Algier sich wie ein Richterstuhl vor den Eindringlingen erhebt, das ist wahr. Algier ist hoch, aufrecht, vertikal. Die neuen Hochhäuser verstärken diesen Eindruck.
Ich sage, es hat sich nichts verändert, und meine Gastgeber sehen aus, als fänden sie, ich übertreibe, es sei viel modernisiert, viel gebaut worden. Ja, das stimmt. Aber es ist trotzdem noch gleich. Laßt mich hier, ich weiß, wo ich bin, und ihr werdet sehen, daß ich alle Wege wiederfinden werde. Ich kann mich hier nicht verirren. Bevor er mich ins Hotel bringt, besteht Monsieur M. darauf, mich mit nach Hause zu nehmen, nach El-Biar zu seiner Frau und seinen Kindern. Er hat sechs Söhne und eine Tochter und eine Enkelin.
Jasmin. Bougainvilleen. Kleines Stück Garten vor dem Haus. Kleines Stück Garten hinter dem Haus. Voller Blumen, Lilien, Rosen, Eisenkraut und auch arabische Petersilie und Sellerie. Madame M. hat Tätowierungen auf dem Hals, und ihre Augen sind mit *khôl* nachgezeichnet. Sie ist sehr schön und sehr diskret.
Ruhe. Tee, ein aufgegangener, goldgelber Kuchen, zubereitet von der jungen Schwiegertochter, die eifrig bemüht ist, ihren Schwieger-

eltern, ihrem Mann, mir zu gefallen. Ich überreiche die Geschenke, die Thérèse mir für sie anvertraut hatte: Käse und Pralinen. In der Mitte des Tischs eine Vase mit steifen Lilien und einer Gladiole dazwischen. In diesem französischen Haus hat man eine arabische Atmosphäre hergestellt. Die Teppiche liegen nicht auf dem Boden, sondern hängen an den Wänden, die europäischen Möbel stehen wie unbenutzt herum, es ist weiträumig, leer, kühl. Zu viele Dinge kommen auf einmal. Sie überraschen mich nicht. In wenigen Augenblicken machen sie mich wieder zu einem Mädchen von hier, und ich frage mich, wie ich habe anders sein können.
Die Familie wechselt sich ab, zwei oder drei reden immer mit mir. Madame M. kann nicht Französisch, und obendrein ist zweifellos auch sie Kabylin. Ich versuche eine Konversation mit ihr, aber ich finde nicht die Worte. Wir lachen. Sie nimmt meine Hand, um mir zu bedeuten, daß man nicht zu reden braucht, daß ich mich nicht abzumühen brauche. FRIEDEN. Ich fühle mich wohl.
Ich gebe zu, daß ich beim Betreten dieses Villenviertels gedacht habe: «Wer wohnte hier vorher? Sicher keine Araber.» Aber diese Frage ist schnell wieder aus meinem Kopf verschwunden. Das interessiert mich nicht. Ebenso bin ich überhaupt nicht mehr neugierig zu wissen, wer bei mir zu Hause wohnt. Das ist mir völlig egal.
Eins spürt man: Sie sind zu Hause, sie sind hier richtig zu Hause, und sie sind glücklich, zu Hause zu sein. Ich empfinde darüber Zufriedenheit, Erleichterung, etwas, das in mir aufzusteigen beginnt und das einer Euphorie gleicht.
Keine Zeit zu analysieren, was es mit dieser Erleichterung und dieser Euphorie auf sich hat.
Gleichzeitig ist eins gewiß: Ich bin zu Hause, ich bin nach Hause zurückgekehrt, und ich fühle mich da wohl.
Alles entspricht mir hier, ich verstehe alles.
Das Hotel Aurassi ist ein riesiges Hotel für begüterte Touristen, die 360 Francs für ein Zimmer ohne Frühstück zahlen können ...
Wie kommt es, daß es dort unter der Anhäufung von Stereotypen des Luxustourismus für einen Moment etwas gibt, das mir vertraut ist?
Was ist das für eine Erfahrung, die man in der Kindheit macht? Ein Kind kennt sicher das Wesentliche und versteht das Wesentliche. Daß ich Orte und Leute wiedererkenne, ist normal; ich sehe die

Unterschiede, das Neue. Aber was mich erstaunt, ist mein Wohlbehagen, die Leichtigkeit, mit der ich mich verändere, die geistige Ausgeglichenheit, in der ich mich befinde. Das macht mich glücklich, fröhlich. Und ich lache mit den Leuten am Empfang, mit dem Jungen, der mir hilft, meinen Koffer zu tragen. Im übrigen nützt er es aus und bittet mich, meine französischen Münzen gegen Dinare zu tauschen. Was ich gern tue. Ich pfeife auf den Wechselkurs wie auf meinen ersten Strumpf, ich habe anderes zu tun. Ich weiß, daß ich mich übers Ohr hauen lasse, aber was macht das schon? Das gehört zum Spiel, und ich sage es ihm, ich sage ihm, daß ich dermaßen froh bin, daß er mich soviel betrügen kann, wie er will. Er lacht auch. Wörter kehren wieder wie Feste. Er eröffnet mir, daß ich nicht erzählen soll, daß er Geld getauscht hat, «sonst gibt es ein schreckliches *chiclala*». O.k.! Sein «chiclala» wiegt leicht alle schlechten Wechselkurse der Welt auf!
Mein Zimmer ist groß, noch verlängert durch eine Terrasse, die auf Algier hinausgeht. Ganz Algier. Der Hafen. Die Bucht.
Zärtlichkeit. Sanftmut. Meine Schöne. Meine Schöne.
Sehr schnell ist es Abend. Meine Schöne im Diamantenschmuck ihrer Lichter, perlenbesät, kokett, gewunden. Zu deinen Füßen an der Reede warten neunundzwanzig beleuchtete Schiffe, eigensinnige Liebhaber, darauf, in den Hafen zu dürfen. Der Hafen ist nachts geschlossen, ihr müßt warten bis morgen früh.
Einen Kellner des Restaurants frage ich:
Warum sind so viele Schiffe draußen?
Er antwortet: Die Docker sind alle Faulenzer.

24. Mai

Der gestrige Tag ging mit einem sehr wichtigen Fußballspiel zu Ende: Tizi-Ouzou-Sétif. Anders gesagt, Araber gegen Kabylen. Schon im Flugzeug und dann mehrmals im Lauf des Nachmittags habe ich versucht, das Problem der Kabylei anzusprechen. Aber jedesmal habe ich aus der Höflichkeit des Tons und der Worte sehr wohl verstanden, daß dies kein ansprechbares Thema war. Ein Mann hat mir eilig gesagt, daß er die Kabylen mißbilligt, daß man ihre Sprache nicht lehren könne, da sie nicht geschrieben würde. Das Thema war tabu.
Aber Fußball war ein Vorwand, der den Leuten erlaubte, sich abzu-

reagieren. Und vom frühen Abend an skandierten Gruppen von
Männern in den Straßen die Namen der gegnerischen Clubs.
...
Erinnerungen an Aufstände hier ... Die Menge schrie ... Entlang
der Gehwege brannten die Autos, die Tränengasbomben brachten
einen zum Heulen ... Es gab Blut ...
...
Abends beim Essen wußten die Kellner nicht mehr, was sie taten; sie
waren alle in der Küche und schauten die Übertragung des Spiels im
Fernsehen an. Schließlich hat Tizi-Ouzou verloren oder Sétif gewonnen, ganz nach den Vorlieben der einen oder der anderen ...
Und als ich schlafen gegangen bin, wurde in der Stadt noch lange
gejohlt.
Heute morgen hat mich die Sonne gegen sechs Uhr geweckt, und ich
habe es nicht lassen können, auf den Balkon zu laufen.
Ja, ich bin in Algier. Und ich brauche keine Uhr, um zu wissen, wie
spät es ist. Ich weiß es, ich muß nur schauen und riechen. Die Farbe
des Wassers im Hafen. Das Licht auf dem Djurdjura. Der Dunst,
der den heißen Tag ankündigt. Die Luft. Der Geruch Algiers hat
sich nicht verändert.
Ein plötzlicher Unterschied, ein großer Unterschied, ein kolossaler
Unterschied, etwas, das die Stadt mehr verändert als die neuen Häuser, die verbreiterten Straßen, die Bevölkerung, die sich fast verzehnfacht hat, die grün-weißen Fahnen an Stelle der blau-weißroten Fahnen. Ich höre einen Laut, den ich hier nie gehört hatte:
Der Muezzin hat gerufen!
Schon gestern abend schien mir ... Aber ich dachte, es sei vielleicht
ein Gebet aus Anlaß des Spiels. Heute morgen gibt es keinen Zweifel mehr, die Glocken sind verschwunden, der Muezzin hat sie ersetzt. Und wenn ich richtig hinschaue, sehe ich auch, daß überall
Minarette entstanden sind. Algier ist orientalischer geworden. Das
steht ihm gut.

Ich kaufe *El Moudjahid* und lese ihn ganz, alles, inklusive der Kleinanzeigen und der Werbung (äußerst rar). Diese Zeitung erinnert
mich an die *Humanité* oder vielmehr an das, was die *Humanité*
wäre, wenn die KPF an der Macht wäre. Eine etwas nervende
Mischung aus technico-politischem Jargon, wie ihn die kommunistische Partei liebt, vom Genre «Für eine neue Mobilisierung von
Potentialitäten», und einer einfachen Sprache. Viele Überschriften

beginnen mit «Für» oder «Gegen». Es ist eine Kampfzeitung, die
Zeitung einer Macht, die dabei ist, ein Land aufzubauen und ein
Volk zu formen. Viele militante und erzieherische Artikel.
Ein Artikel weckt meine Aufmerksamkeit, weil er von einer Frau
geschrieben ist und weil er heftig die französische Kolonisation an-
greift. Weil die algerischen Frauen kolonisiert worden sind, haben
sie es schwer, selbständig zu werden:

*Vor 1954 gab es keine ausgebildeten algerischen Frauen. Das erklärt
sich daraus, daß nur wenige Mädchen in die Schule gingen, daß wenige Mädchen auf die Universität kamen und daß nur eine kleine
Anzahl Frauen arbeitete. Diese Situation war vom Unterdrücker
gewollt und wurde aufrechterhalten ... Ich gehörte zu dieser Jugend, die die Sprache des Unterdrückers sprach und das allzu klassi-
sche «unsere Ahnen, die Gallier» auswendig rezitierte ... Den ganzen Tag gehörten wir zu den Fremden; nach der Schule daheim,
wurden wir wieder Algerier ...
Nach 1962, vor den neuen Aufgaben, die uns erwarteten, wendete
sich das Blatt der Vergangenheit «fast» endgültig. Natürlich waren
die Frauen selten, die verantwortungsvolle Posten bekleideten, denn
sie hatten keine Möglichkeit gehabt, die notwendige Ausbildung zu
erhalten.
Seit 1970 partizipieren Frauen ohne Komplex am Aufbau des Landes, und ich gehöre zu dieser neuen Frauengeneration.*

Der Autor dieses Artikels mit der Überschrift «Vor der bakteriolo-
gischen Gefahr gibt es keine Ungleichheit der Geschlechter» ist also
eine Frau und eine Bakteriologin.
Welches Glück, noch glauben zu können, der Unterdrücker sei der
Fremde, und es genüge, ihn zu vertreiben, damit es den Frauen besser geht!
Das hat mich nachdenklich gemacht. Nun sind es bald achtzehn
Jahre, daß die Unterdrücker weg sind, und diese gute Dame wird
bald merken, wie es um die Lage der Frauen bestellt ist.

Ich bin lange spazierengegangen. Ich wollte von den Tagarins zur
Großen Post hinuntergehen auf einem Seitenweg, der auf das Ende
der ehemaligen Rue de Mulhouse führt, aber ich habe mich am Gestrüpp verletzt und mußte umkehren. Alles, was ich sehe, gefällt
mir; Feldblumen, Unkraut, eine kleine flinke Eidechse, lauter

Komplizen. Von überall sehe ich das Meer, aufgeregt, wie es um die Mittagszeit ist, wahrscheinlich kühl, nach seiner Farbe zu schließen. Schreckliche Lust, hineinzutauchen.
Ich finde endlich eine schöne neue Straße, die zur Regierung führt. Mauern voller roter, ockerfarbener, lila Bougainvilleen. Ein Eukalyptuswald. Hierher, genau hierher hat mich an einem sehr heißen Abend ein Junge geführt und mich geküßt. Die ganze Stadt funkelte. Er hatte gut gewählt, der Ort ist herrlich.
Weiter unten sind allmählich mehr Leute. Ich begegne vielen verschleierten Frauen, alten vor allem, aber auch jungen.
Die Spahis sind vom Totendenkmal verschwunden. Auch Jeanne d'Arc und ihr Pferd neben der Großen Post. Das macht drei Pferde, die sich verflüchtigt haben. Wenn ich an die ganzen Reiter von Algiers Plätzen denke, die Generäle, Herzöge und Konsorten, die denselben Weg gehen mußten, dann stelle ich mir vor, daß das Paradies der Statuen ein richtiges Gestüt geworden sein muß. Und der Sergeant Blandan? Dieser brave Unbekannte zeigte mit dem Finger in eine bedeutungsschwangere Richtung – ich weiß nicht welche –, und an Regentagen konnte man, wenn man ihn unter einem bestimmten Blickwinkel betrachtete, denken, er mache Pipi. Auch er hat verschwinden müssen. Jedenfalls wird er die Freude von Generationen schlecht erzogener Kinder wie mir gewesen sein.
Das Zentrum von Algier hat sich überhaupt nicht verändert. Die Erinnerungen tauchen mit schwindelerregender Schnelligkeit auf. Mein Gedächtnis öffnet sich wie ein reifer, voller Granatapfel. Aber das alles regt mich nicht auf. Es sind Erinnerungen, und komischerweise machen sie mich fröhlich.
Die Rue Michelet! Wie eng sie ist! Eine Menschenmenge. Es war immer ein Gedränge dort, aber jetzt ist es noch dichter, und fast nur Algerier. Vorher war das Gegenteil der Fall. Auf den Terrassen der Cafés sehe ich keine einzige Frau. Mist, ich hätte mich gern gesetzt, eine Limonade getrunken und die Leute vorbeigehen sehen. Die Männer reden miteinander und beobachten die Passanten. Ich höre, wie einer hinter mir, nachdem er mich genau gemustert hat, erklärt, ich sei eine *djousa*, eine Alte. Er hat nicht unrecht. Ich brauche nicht lange, bis ich wieder unwillkürlich die Augen niederschlage, verstohlen um mich blicke und eine abwesende Miene aufsetze. Ich gehe hinter zwei Mädchen her. Sie unterhalten sich freimütig, ein wenig zu laut vielleicht, sie spotten, sie

mokieren sich offensichtlich über die Bemerkungen der Männer, aber sie sind auf der Lauer.
Ich hoffe, die Bakteriologin hat weniger Ärger mit den Bakterien als mit den Männern, seien sie kolonisiert oder nicht, sonst wäre es schlecht für ihre Beförderung ...
Ich frage mich, wie das sein wird, wenn ich mit meiner Tochter zusammen bin, die jung und hübsch ist. Das kann ja heiter werden.
Ich muß unbedingt einen Leihwagen finden. Eine Frau allein kann in Algier nicht leben. Sie wird gehetzt.
Ich komme zu dem Haus meines Vaters, in dem ich geboren bin und in dem ich die letzten Jahre meines Lebens in Algerien verbracht habe. Dort haben auch die älteren meiner Kinder ihre ersten Wochen erlebt. Es ist ein schönes Haus, die Balkone sind schön. Die Fensterläden meines Zimmers stehen halb offen, und trockene Wäsche hängt davor. Die anderen sind geschlossen wegen der Hitze, so daß ich nicht sehen kann, ob die Buntglasfenster des Eßzimmers noch da sind. Vor der Eingangstür reden vier Männer. Ich kann also nicht stehenbleiben. Sie würden mich mit zweifelhaften Fragen überfallen, mehr oder weniger schlüpfrige Bemerkungen machen, vielleicht versuchen, mich anzufassen. Schade.
Im übrigen habe ich gar keine Lust. Keine Lust hineinzugehen. Ich bin überhaupt nicht neugierig. Das alles ist schon so lange vorbei! Meine Gleichgültigkeit überrascht mich ein wenig, ich zwinge mich: «Geh hinüber und schau es von der anderen Straßenseite aus an», was ich auch tue. Ein Blumenverkäufer ist dort an Stelle der Zeitungsfrau, die damals die *Gazette de Lausanne* verkaufte ...
Ja, gut, also hier habe ich gewohnt. Da drin haben sich meine Eltern zerfleischt. Ja, es ist wahr. Nun gut, sie werden sich nicht mehr zerfleischen, sie sind tot, und ich, ich wohne nicht mehr da, und ich habe auch keine Lust, da zu wohnen.
Die Feigenbäume, die auf den Gehwegen wachsen, bewegen mich mehr. Die gegenüber dem Haupteingang der Universität sind am Absterben. Warum rühren sie mich?
Ich denke, daß ich auf dem Schulweg am meisten ich selbst war. Daheim hatte ich mit meiner Familie zu kämpfen, die ziemlich dramatisch und bedrückend war, und in der Schule hatte ich mit den guten Schwestern zu kämpfen, die waren wie sie immer sind ... Die Feigenbäume markierten den Weg meiner Grübeleien und meiner Freiheit, ich kenne sie gut, um sie rankten sich meine Träume.
Ich habe sechs arabische Kuchen gekauft und sie gegessen. Vor allem

die Macroutes waren gut, lange gebacken, wie ich sie mag. In Paris schmecken sie nie genauso. Wenn es nach mir ginge, würde ich zwölf essen.
Man kann nicht in die Universität, man muß eine doppelte Sperre passieren, ich bemerke, daß es überall verriegelte Fenster, verschlossene Türen, Gitter, eiserne Läden gibt. Die Leute sind diszipliniert, sie möchten ein ordentliches, ein seriöses Land haben ... Ich weiß nicht. Alle, denen ich bis jetzt begegnet bin, sei es im Hotel oder auf der Straße, und mit denen ich sprechen konnte, der Kuchenverkäufer, ein Polizist, sind nett und fröhlich.
Zwei Bettler auf den Stufen der Unterführung an der Kreuzung des Boulevard Saint-Saëns. Das hat mich schockiert. Ich glaube, es gäbe keine mehr. Zwei, das ist wenig gegenüber der Kohorte, die es vorher gab.
Zu viele Informationen gleichzeitig, ich weiß nicht mehr, was ich denken soll. Ich bin ein wenig desorientiert, denn ich muß etwas Offensichtliches zugeben: Das Heute interessiert mich mehr als das Gestern. Und doch, gestern ... Ich habe sogar manche Steine der Gehwege wiedererkannt.
Man hatte mir oft gesagt, Algier sei schmutzig. Ich finde es viel weniger schmutzig als zur Zeit der Franzosen.

25. Mai

Heute morgen erwache ich verdrießlich wie das Wetter, das grau und dunstig ist. Das ist kein Glück für meine Tochter, die heute nachmittag ankommt, sie, die Algerien noch nie gesehen hat!
Ich fühle mich hilflos. Es ist mir noch nicht gelungen, ein Auto zu mieten. Bei Altour, dem amtlichen Reisebüro von Algerien, sind alle Wagen für ich weiß nicht welchen Kongreß reserviert. Die Bürokraten genießen ungeheure Privilegien in diesem Land. Man könnte sagen, alles ist für sie gemacht.
Ich bin schlechter Laune. Dieses zu luxuriöse Hotel und die fehlenden Verkehrsmittel machen mich krank. Noch dazu haben die Taxis die Preise um dreihundert Prozent erhöht. Dreihundert Prozent! Da die Zähler noch nicht eingestellt sind, verlangen die Chauffeure für die Fahrt irgendeinen Preis.
Ich hätte nie gedacht, daß ich so gelähmt sein könnte. Ich würde

trotzdem gern an den Strand können zum Baden. Den ganzen Tag das Meer vor der Nase zu haben und nicht einmal hinzukönnen, das ist ein bißchen viel! Man kann nicht mehr auf die große Mole am Hafen gehen, der Durchgang der Admiralität ist verschlossen und bewacht.
Mitten in all dem beschließe ich, auf den Friedhof zu gehen. Ich weiß nicht, was mich überkommt. Als ich diese Reise plante, sagte ich mir noch im Spaß: «Vielleicht bin ich sogar imstande und finde mich auf dem Friedhof wieder.» Nun ja, genau so ist es, ich gehe hin.

Da bin ich. Er ist offen. Niemand fragt mich etwas. Keine Kontrolle.
Die Emotion überkommt mich sofort. Gewöhnlich berühren mich Friedhöfe nicht, im Gegenteil, sie nerven mich, weil sie zuviel Platz einnehmen, und ich gehe nie hin.
Diese Emotion kommt nicht vom Tod, sie ist unklar und nährt eine komische Wut in mir aus Altem und Neuem.
Ich gehe weiter, ich finde mich leicht zurecht. Es ist einfach. Dennoch bin ich diesen Weg nie mehr allein gegangen seit dem Tod meines Vaters 1946. Das ist lange her. Niemand ist da, gar niemand, nur Vögel und Insekten. Ich klettere hoch, es erscheint mir leicht. Welche Bürde hatte ich als Kind zu tragen, daß ich meine Besuche hier als so erschöpfend in Erinnerung habe? Es ist nicht weit, es ist nicht anstrengend. Das diesige und etwas kühle Wetter macht den Spaziergang sogar angenehm, erholsam.
Seit ich beschlossen habe, Algier wiederzusehen, haben mir viele Leute gesagt: «Du wirst sehen, du wirst enttäuscht sein, es ist ganz klein.» Aber ich fand Algier nicht klein, ich fand es sogar größer als in meiner Erinnerung. Den Friedhof finde ich klein. In meinem Kopf war er riesig, ein Labyrinth von Alleen, ein steiles Gelände, über das endlos Gräber verstreut waren. Ich lasse mich führen von dem kleinen Mädchen, das hierherkam mit schwerem Herz. Sein Herz beschwerte seinen Schritt, es machte diesen Aufstieg endlos. Heute ist mein Herz nicht schwer, und ich habe das Kind in die Arme genommen. Es zeigt mir den Weg: «Biege da ab, nimm diese Allee, geh hinauf bis zu dieser Kapelle, da gibt es eine Abkürzung.»
Das geht schnell, vor mir ist das Grab. Ich fasse es kaum. Im Moos, das den Stein überwachsen hat, lese ich deutlich: CARDIN...

Ich setze mich mit klopfendem Herzen. Warum klopft es, als käme ich verliebt zu einem Rendez-vous? Ist das meine Reise nach Algerien: meinen Vater besuchen? Ich weiß nicht. Ich fühle mich wohl. Welche Ruhe, welcher Frieden! Ich schließe die Augen. Die Stille.

Meine Mutter nahm mich hierher zum Grab meiner Schwester mit. Sie war nie darüber weggekommen, daß sie dieses Kind verloren hatte, und wenn sie auf den Friedhof kam, war sie zutiefst unruhig. Trotz ihrer extremen Zurückhaltung spürte ich an ihrem ganzen Körper die Erregung. Ich spürte, daß ich sie verlor, daß sich ihre Aufmerksamkeit mir entzog, daß ich unfähig war, die andere zu ersetzen, daß meine Liebe ihr nicht paßte, daß ich der anderen unterlegen war. Ich war zerschmettert. Mein Wunsch, sie zu lieben, zerfaserte, verließ mich und verlor sich im Nichts seiner Gleichgültigkeit. Ich war ein Quell der Leere. Selbst unfähig, meine Schwester zu hassen, die ich nie gesehen hatte. Vernichtet.
Wie fern das alles ist! Meine Mutter und ich haben schon lange abgerechnet. Auch sie ist tot, wie ihre Tochter, begraben auf einem Friedhof der Ile-de-France, in der Fremde. Unser beider Kampf ist beendet. Ich trage keine andere Narbe mehr davon als meinen Nabel. Runde, gehöhlte Wunde von meiner Mutter, in der Stunde der Geburt geöffnet und geschlossen, für immer und ewig.
Heute sitze ich auf dem Grab meines Vaters, und das hat keinerlei Bedeutung. Es bedeutet einfach, daß ich dort bin. Die Gründe, aus denen ich gekommen bin, kenne ich nicht wirklich, und ich will sie gar nicht kennen. Ich stelle mir manche vor, nehme andere an und gebe zu, daß es noch andere gibt, die ich nicht weiß und auch nie wissen werde. Das stört mich nicht. Es reicht jetzt mit den «Gründen», sie töten, ersticken, verschließen. Das Wissen ist nur interessant, weil es unvollständig, in dauerndem Werden ist. Nicht daß ich vor der Schwierigkeit zurückschrecke, aber ich glaube, daß das kein Mensch je analysieren kann: das Genie und den Reichtum des Nichts, und das ist um so besser.
Meine Anwesenheit hat keinerlei Sinn, und doch hat sie nirgendwoanders auf der Welt so viel Sinn. Ich bin genau wie diese Palme zu meiner Rechten: stark, stämmig, blätterreich, geschuppt. Sie fühlt sich wohl da, wo sie ist, ich kann sie mir nirgends anders vorstellen.
Alles um mich her ist vollkommen an seinem Platz: die Zypressen, der Oleander, die Winden, die Malven, die Margeriten.

Die Pflanzen haben alles überwuchert, sie sind höher als die Grabmäler, sie verdecken sie nicht, sie schmücken sie, verwandeln sie in Nischen, Ruhebänke, Barken. Winden klettern die steinernen oder schmiedeeisernen Kreuze hoch und bilden luftige Ketten von rosa oder weißen Kelchen. Die Vegetation fließt. Die hohen, schwankenden Gräser mischen ihre grünen Schöpfe, die über den Gräbern eine leichte Wolke weicher, feiner Linien bilden.
Seit meiner Ankunft in Algerien fehlten mir die Gärten. Ich dachte, ich würde sie nicht wiederfinden, denn die Gärten meiner Kindheit sind mir verschlossen, und viele sind verschwunden, um Gebäuden Platz zu machen. Aber der Friedhof Saint-Eugène hat sich dafür in einen Garten verwandelt mit Ameisen, Eidechsen und vermutlich sogar einer Katze, die im Oleandergebüsch zu meiner Linken lauert.
Die Gebeine meines Vaters liegen ruhig in meinen Gärten.
Das kleine Mädchen suchte dort Schätze, es durchfurchte den Boden, bis die Fingernägel weh taten, es zerpflückte die Blumenkelche, um bis zu ihrem Herzen vorzudringen. Es glaubte, Gold und Diamanten zu entdecken. Die Schönheit dieser Natur berührte es so stark, sie war so groß, daß es sie für einen Schrein hielt, einen Ort, an dem die Erwachsenen ihr Vermögen versteckten, ein Tabernakel, eine Monstranz. Soviel Herrlichkeit konnte es nur geben, um auf das Allerwertvollste hinzudeuten – das, was man dem kleinen Mädchen als das Wertvollste bestimmt hatte –, Juwelen und Spitzen, Elfenbein und Silber, Porzellan und Perlmutt ... Es hatte gelernt, so zu denken: Was ist das Paradies ohne Gott? Nichts. Es war im Paradies, also mußte es dort Gott antreffen.
Jetzt weiß ich, daß diese Gärten zugleich das Paradies und Gott sind und daß meine Freude, dort zu sein, nicht getrübt werden soll von der Suche nach anderem.
Es gibt Augenblicke vollständiger Ruhe, wie jetzt, die alle Müdigkeit auslöschen.
Ich wußte nie genau das Alter meines Vaters: Jetzt ist der Moment, es zu erfahren.
Mit dem Nagel versuche ich, die graue Flechte abzukratzen, die den Marmor bedeckt. Es gelingt mir nicht. Da spucke ich und reibe. Die Zahlen und Buchstaben kommen nach und nach unter einer grünen Flüssigkeit zum Vorschein: 26. August 1885.
Er wird bald hundert sein.
Ich bin nicht mehr in dem Alter, wo man seilhüpft oder Himmel-

und-Hölle spielt, dennoch habe ich Lust auf Bewegung. Ich pflücke einen Strauß wilder Blumen und stelle sie in einer Vase auf das Grab. Ich finde die Geste ungeschickt, die Blumen haben kein Wasser, sie werden sofort verwelken und sind doch so schön.
Gleichzeitig denke ich, daß die Tiere ihre Gebiete markieren.
Gehen wir weiter ...
Ich begegne einem alten, hageren Mann mit einem großen Strohhut. Sein Blick ist gerade und diskret, es ist sicher ein Gärtner.
Guten Tag, *Salem*!
Salem, guten Tag!
Ich schlendere herum. Ich bin glücklich wie am ersten Tag. Eine Art friedlicher Euphorie ist in mir. Zwischen dem wilden Hafer, den schwankenden Gräsern und den Mastixbüschen lese ich die Namen. Ich kenne viele. Undeutliche Gesichter von früher verbinden sich mit den Pflanzen. Sie sind alle da, ruhig. Um sie herum sind Blumen im Überfluß, wie nie zuvor, nicht einmal am mit Chrysanthemen geschmückten Allerheiligentag. Vögel nisten zu ihren Köpfen und zu ihren Füßen und zwitschern. Die Natur bindet sie aneinander, sie sind nicht mehr getrennt durch die Grenzen der Grabstätten, die Schranken des Besitzes. Sie sitzen alle in einem großen, bewegungslosen Boot, dessen Masten die Zypressen und dessen Segel die Palmen sind.
Guter Wind, ihr Ahnen, guter Wind.

Meine Tochter kommt.
Sie hat ihr Flugzeug verpaßt, ich warte auf dem Flughafen auf das nächste. Ich bleibe sitzen, lese *El Moudjahid* und schaue den Leuten zu. Die Kinder wuseln hier herum wie überall. Vor siebzehn Jahren, als sie unabhängig wurden, gab es zehn Millionen Algerier. Heute sind es zwanzig oder zweiundzwanzig Millionen. Über zwei Millionen Einwohner in Algier. Zu meiner Zeit waren wir dreihunderttausend, die dort lebten, und ich bin nicht Methusalem ...
Ich langweile mich nicht. Ich schaue, ob sich die Algerier verändert haben. Sie haben sich nicht verändert. Ich erkenne ihre Gesten wieder, ihre Haltung, ihr Schweigen, ihre Art zu warten, ihre Vorliebe für das Neue und ihr Mißtrauen dagegen, ihre Fröhlichkeit. Die Überschwenglichkeit und die Umarmungen beim Wiedersehen. Die Diskretion des Abschiedsschmerzes. Ihre Gleichgültigkeit gegenüber Unbequemlichkeiten.

Aber etwas bei ihnen lerne ich kennen, das es vorher in ihrem Verhalten nicht gab, ich stelle fest, daß sie sich zu sich hin, zu ihrem Land entwickeln. Das ist etwas Neues, das mich begeistert, ich stelle fest, wie ein Volk genießt, ein Volk zu sein. Das beeindruckt mich um so mehr, als ich persönlich nicht das Gefühl habe, einem Volk anzugehören, und mir das oft fehlt. Zwischen dem französischen Volk und mir liegt ein Land, das nicht Frankreich ist: Algerien ...
Bénédicte ist angekommen. Ich freue mich, sie wiederzusehen. Sie ist lieb, sie ist schön. Sie weiß, daß Algier nicht nur eine neue Stadt ist, die sie kennenlernen wird, und das rührt mich.
Auf dem Parkplatz des Flughafens stehen Maulbeerbäume voller Früchte. Ich hatte sie am Tag meiner Ankunft nicht gesehen, so bewegt war ich.
Plötzlich scheinen sie mir schicksalhaft, glückliche Vorzeichen. Ich freue mich so, meine Tochter zu sehen, ich hoffe inständig, daß sie mein Land lieben wird. Ich möchte es ihr schenken. Und auch diese dicken schwarzen, haarigen Maulbeeren. Ich erinnerte mich nicht mehr, daß sie so raupenartig aussehen. Für mich waren sie wie viele Elemente der algerischen Natur mit einer Art Mirakel, mit etwas Wunderbarem verbunden; den Seidenraupen, die sich in Schmetterlinge verwandelten. In meiner Kindheit begeisterte ich mich für das Züchten der Tiere, die sich ausschließlich von den Blättern des Maulbeerbaums ernähren. Aus diesem Grund erschienen mir diese Bäume magisch.
Ich bin auf ein Auto geklettert und habe Maulbeeren gepflückt, die allerschönsten, um sie Bénédicte zu schenken. Sie hat noch nie welche gesehen. Sie mochte sie.

26. Mai

Gestern abend haben wir Belgier getroffen, mit denen wir geredet haben. Sie leben seit drei Jahren hier. Am Anfang haben sie Algerien und die Algier geliebt. Jetzt sind sie enttäuscht von den Algeriern, vom Land nicht.
Warum?
«Sie» sind nicht an Leistung interessiert. Man kann sie nicht für die Arbeit interessieren.

In der Kolonialzeit sagte man von den Arabern: «Das sind Faulpelze, die arbeiten nicht gern.» Heute wagt man das nicht mehr zu sagen, also sagt man, daß das Regime sie nicht genug motiviert, um ihnen Lust auf Anstrengung zu machen.
Eine ganz und gar unnütze Konversation schloß sich an die Äußerungen dieser Leute an. Ich habe von dem Recht gesprochen, das man hat, den europäischen Rhythmus nicht zu akzeptieren. Sie haben von der Wahl der Industrialisierung gesprochen, die die algerische Regierung getroffen hat, eine Wahl, die diesen Rhythmus einschließt. Wahrscheinlich hatten alle recht. Ich dachte: «Sollen sie sie also in Ruhe lassen», und habe es gesagt. Aber ich weiß wohl, daß die Belgier in gewisser Weise recht hatten. In gewisser Weise, denn man hat noch keinen Weg gefunden, sich zu modernisieren, ohne die Seele zu verändern.
Heute morgen haben wir bei alten Freunden gefrühstückt, die wieder zurückgezogen sind. Ich habe von meiner Freude erzählt, in Algier zu sein. Nelly hat gesagt, daß sie auch glücklich sei, zurückgekommen zu sein, und im allgemeinen empfänden es alle, die zurückkämen, als Glück. Ihr Mann hat hinzugefügt, daß sich die Dinge seit zwei Monaten sehr spürbar verändern:
Das Regime wird härter, fordert mehr Strenge und wird noch bürokratischer. Der islamische Geist gewinnt an Bedeutung und führt zu größerer Kompromißlosigkeit gegenüber den Fremden ... Heute morgen bin ich am Telefon auf einen Angestellten gestoßen, der sich geweigert hat, Französisch zu sprechen. Es ist das erste Mal, daß mir das passiert.

Am Vormittag habe ich Studenten getroffen, die sich über die Aktivitäten der «Muslimbrüder» an den Universitäten beklagt haben. Wenn sie im Moment streiken, so ist das zu einem Gutteil deswegen, sagten sie. In *El Moudjahid* habe ich nichts über diese Streiks gelesen.
Ebensowenig war in dieser Zeitung die Rede von Unruhen in der Kabylei. Und alle ausländischen Zeitungen sind in Algerien verboten worden, als der kabylische Konflikte ausgebrochen ist.

Ins Hotel zurück hat uns ein bereits besetztes Taxi noch mitgenommen. So haben wir die Bekanntschaft eines trübsinnigen Jungen gemacht; er hat von dem Mangel an Zerstreuung für die algerische Jugend gesprochen und davon, daß die jungen Mädchen von ihrer

Familie sehr streng bewacht würden. Es sei verliebt in eine Schöne, die er nicht sehen könnte, obwohl sie volljährig sei. Er sagte:
Ohne Auto will kein Vater, daß man seine Tochter ausführt. Ein Auto bedeutet, daß man reich ist und daß man einer reichen Familie angehört.
Der Preis der Frauen! Anscheinend ist es jetzt kein schlechtes Geschäft mehr, Töchter zu haben. Mehrere Töchter in einer Familie, das ist sogar ein richtiges Kapital. Es gibt Geld im Land, und es zirkuliert. Es gibt das, was vor Ort verdient wird, und das, welches die Arbeitsemigranten aus dem Ausland schicken. Der Schwarzmarkt hat sich eingerichtet. Alles wird teurer. Die Frauen auch. Auf dem Land ist eine Frau normalerweise zwanzigtausend Dinar (zwanzigtausend Francs) wert. Eine Frau paßt gut auf sich auf, je unberührter sie ist, desto wertvoller ist sie.
Ich weiß nicht, was ich mit diesen ganzen Informationen anfangen soll. Mehrmals haben mir Algerier gesagt, es gäbe keine Arbeitslosigkeit in Algerien. Die Fremden sagen, es gibt sie, manche haben sogar die Zahl von siebenhunderttausend Arbeitslosen genannt. Doch hat mir ein algerischer Bauunternehmer versichert, daß es mit seinen Baustellen nicht weiterginge, weil nicht genügend Arbeitskräfte zur Verfügung stünden.
Ich glaube eher, was die Algerier sagen, als was die anderen sagen. Die «Anderen» haben eine Vorstellung von der Arbeit, der ich mißtraue.
Keine Zeit, um all das zu überlegen, nicht genug Einzelheiten.
Als ich ankam, bin ich in eine glückliche, traditionelle algerische Familie geraten, wo mir alles in Ordnung schien. Ich hatte nur eine Zurückhaltung beim Gespräch über die Kabylei bemerkt und eine vage Beunruhigung wegen des Geldes, der Geldzirkulation genauer gesagt. Es handelte sich um diskrete und mißtrauische Leute. Ich habe sie nicht gedrängt zu sprechen. Außerdem hätten sie es nicht getan, und es wäre plump gewesen, wenn ich sie zu sehr ausgefragt hätte. Und dann hatte ich in der Wiedersehenseuphorie diese Schatten auch verdrängt.
Jetzt scheint mir, daß ein latentes Unbehagen die Gemüter beherrscht. Aber ich kann nicht recht erkennen, was es ist.

Ich bin dermaßen vom Heute gefesselt, daß ich dadurch die Dinge von gestern, denen ich jeden Tag begegne, vergesse. So bin ich heute nachmittag mit meiner Tochter in den Bardo gegangen.

Bénédicte war verwundert und überrascht über die Anordnung der Zimmer in diesem alten Haus und über die Kompliziertheit der Treppen.
Die Architektur ... das Denken ...
Es geschieht etwas mit der Architektur in diesem Land. Die Algerier bauen viel wegen des galoppierenden Bevölkerungswachstums, wie es heißt. Sie bauen modern und westlich. Aber von Pouillon, einem Franzosen, lassen sie Touristikzentren bauen, und er errichtet (sehr schöne) Ensembles im Stil der alten algerischen Städte. Die Algerier sind stolz darauf und raten einem alle, Sidi-Ferruch, Zéralda, Tipasa zu besuchen ... Als sei die französische Vergangenheit gerade gut für den Tourismus. Doch machen sie eine große Kampagne zugunsten der Arabisierung.
Ich habe den Eindruck, Zuschauer zu sein bei einer Verirrung, einer Perversion, einer Illusion, einer Verrenkung. Mehrmals, als ich mit Fremden sprach, habe ich spottend gesagt, sie kämen mir vor wie Missionare, die von der Notwendigkeit ihrer Mission überzeugt sind. Sie haben das Wort Mission zurückgewiesen. «Wir sind hergekommen, um mehr Geld zu verdienen», hat eine junge Frau gesagt. «Nicht nur», hat ihr Mann widersprochen.
Unterentwickelte Länder. Entwicklungsländer. Zivilisierte Länder... Die drei Stadien. Die drei zu erklimmenden Stufen. Um wohin zu gelangen? Und bei den Entwicklungsländern (was Algerien ist): Vorsicht, daß nicht unterwegs die eigene Kultur verlorengeht! All das ruft ein Gefühl der Verwirrung, des Unbehagens hervor.
Idee, eine Erzählung zu schreiben mit dem Titel ‹Der Muezzin in den Stahlwerken›.

Der Bardo. Von außen, von den Gärten aus gesehen, die ihn umgeben, hat der Bardo hohe weiße Mauern, nur von einigen kleinen, vergitterten Fenstern, einer kupferbeschlagenen Tür und winzigen Muscharabien unterbrochen. Ein eher abweisendes Rätsel. Aber ich, die ich den Bardo kenne und weiß, was er birgt, ich freue mich, seine Schätze so gut behütet zu sehen. Innen zuerst einmal Kühle, Schatten, fast Dunkelheit. Dem womöglich gierigen oder aufdringlichen Besucher soll die Schönheit des Schatzes noch nicht offenbart werden. Große, leere Zimmer, bestimmt für offizielle Anlässe, Geschäfte, Unterhandlungen. Eine unerwartete Treppe im Hintergrund, schmal, mit schwarzen Stufen, führt ins Herz des Palastes: ein Garten, ein Bassin mit fließendem Wasser, Arkaden, Fenster, die

indiskrete Durchblicke sind. Man sieht sie, aber man sieht nicht, was sie verbergen. Dort befindet sich das eigentliche Haus mit seinen privaten Gärten. Labyrinthe langer Räume, die um überdeckte Innenhöfe oder wohlriechende Gärtchen angeordnet sind. Zimmer, wie geschaffen zum Schlafen, Ausruhen, Plaudern, Lieben, Süßigkeiten-Naschen. Immer eine dämmrige Ecke auf der einen Seite und auf der anderen eine Öffnung auf eine Zypresse, eine Glyzinie, eine Palme, eine wilde Rebe, einen Feigenbaum, einen Jasminstrauch, den Himmel. Vom Licht geblendet, senkt man die Lider vor der Schönheit. Die Wände sind mit bunten Fayencekacheln bedeckt mit Blumenmustern oder manchmal hohen Sträußen in Vasen darauf. Die Böden sind Schachbretter aus schwarzen und weißen Fliesen. Balkons aus Zedernholz. Geheimtreppen für überstürzte Fluchten, verschwiegene Rendez-vous, eifersüchtige Nachstellungen.
Sinn für das Mysterium. Sinn für das Geheimnis. Sinn für die Zurückgezogenheit. Sinn für das Meditieren. Und auch Sinn für Gesellschaft, Sinn für Familie, Sinn für Feste und Schlemmerei, Sinn für Farben und Düfte.
Ein Haus, um die Familie und ihre Vertrauten zu schützen. Aber auch Garten, Lichtschacht, Versammlungsort.

27. Mai

Heute habe ich Sidi-Ferruch wiedergesehen, den westlichen Strand. Die Gegend ist unglaublich verwüstet, heruntergekommen, und außerdem ist der Strand verschwunden. Das Meer schlägt regelmäßig gegen die Sockel der Häuser ...
Die Villa der Robes ist in gutem Zustand, die der Coudrays auch. Bei den Duroux wird gebaut. Der Rest ist eine Ruine, ein Trümmerhaufen, eine Müllhalde, eine Art städtischer Schuttabladeplatz. Und überall Kinder, die herumstreunen, spielen. Jungen zeigen ihr Zipfelchen, als wir vorbeigehen.
Diesmal trifft mich der Schock der Vergangenheit, und ich habe keine Lust, die neue Touristenstadt zu besichtigen, wohin mich die Freunde, die mich begleitet haben, schleppen wollen. Ich möchte sie nur von außen anschauen. Sehr schön, sehr gut, sie gleicht den Fotos vom Club Mediterranée.
Der andere Strand da unten verschwunden, die Villen verfallen, und

ich habe dort soviel Glück erlebt! Dort habe ich auch die erregende Unruhe der ersten Liebesgeschichten erlebt. Die Dünen dahinten rochen nach Lilien und Tamarisken, ihr Sand war weich und warm wie Haut. Jetzt sind sie voller Abfälle.
Offenbar ist das Volk im Augenblick der Unabhängigkeit über die Häuser der Franzosen hergefallen und hat sie absichtlich zerstört. Sie haben die Türen und Fensterläden ausgehängt, alles was wiederverwendbar und verkäuflich war, aber sie wollten lieber in ihre Baracken zurück, als diese Orte zu besetzen, die noch nach Hund rochen ... Seit dieser Zeit haben die Häuser alle Winde, allen Regen und alle Gischt abgekriegt, sie sind ihrerseits Löcher geworden. Sogar die Bäume sind eingegangen.
Der Weststrand von Sidi-Ferruch ist für mich ein Schlag, eine fürchterliche Ohrfeige genau dahin, wo es am meisten weh tut, wo es am unschuldigsten war. Er ist die Konkretisierung des wilden Krieges.

Es ist kein schönes Wetter. Seit Sonntag ist es bedeckt. Meine Tochter hat bis jetzt die Bucht von Algier nicht im Ganzen gesehen, so dunstig ist es.
Zum erstenmal baden in La Madrague. Das Meer löscht alles aus, es wäscht die alten Erinnerungen ab, es ist frisch, es erquickt, es bringt zum Wesentlichen zurück.
Ich habe keine Lust auf ein Postkarten-Algerien oder ein überholtes Algerien. Ich habe Lust auf Algier, so wie es ist. Ja, es kommt

manchmal vor, sogar Ende Mai, daß es hier nicht schön ist. Das ist nicht wichtig.
Ich stelle erstaunt fest, wie wenig die Vergangenheit auf mir lastet. Es ist einfach die Vergangenheit. Dafür begeistert mich die Gegenwart. Zum erstenmal sehe ich, wie ein Land und ein Volk entstehen. Das fasziniert mich, aber es ängstigt mich auch.
Eine solche Hoffnung ist um mich her!
Und es sind so viele, jeden Tag noch mehr. Wie werden sie damit zu Rande kommen?
Ich bin weder Journalistin noch Ökonomin. Ich bin nicht hierhergekommen, um diese Fragen zu stellen, aber sie drängen sich mir auf. Ich liebe dieses Land, da kann man nichts machen.
Anscheinend hat man zwei Drittel der Weinstöcke ausgerissen, um Getreide anzupflanzen. Das ist normal, die Algerier trinken keinen Wein, und in Frankreich gibt es zuviel. Aber viele Felder, die ich bebaut kannte, scheinen jetzt brach zu liegen, von Unkraut überwuchert.
Verschwunden ist das schöne umgepflügte und bearbeitete Land der Kolonisten. Die tadellosen Reihen der grünen Weinstöcke auf dem roten Boden. Aufgegeben, wie die Häuser von Sidi-Ferruch. Aus denselben Gründen? Aus Rache und Verachtung?
Worin besteht die Ökonomie dieses Landes? Können Erdöl und Gas alles übrige ersetzen? Vorher gab es Wein, Mangan, Oliven, Gemüse, Zitrusfrüchte ... Nichts Großartiges, aber immerhin!
Jeden Tag kaufe ich die Zeitung, die einzige Zeitung, und lese sie ganz. Ich versuche, dort andere Stimmen zu finden als nur die offizielle, die ernst, vernünftig, demokratisch, großzügig und vor allem theoretisch ist. Eine geschwollene, schwerfällige Stimme, das muß man sagen. Eine Stimme, die anderen gleicht, die nicht algerisch sind, Stimmen, die Gulags und Mietskasernen bauen lassen. In den Leserbriefen taucht manchmal ein Leben auf, im Kampf mit einem schwer zu bestellenden Boden, mit isolierten Dörfern, alten Bräuchen und neuen Wünschen. Ich finde es erdrückend.

28. Mai

Eine Algerierin, Professorin an der Universität, getroffen.
Sie berichtet mir, daß eines meiner Bücher in das Programm der

Literaturstudenten aufgenommen worden ist. Diese Neuigkeit treibt mir die Tränen in die Augen.

Ich bekomme soviel Post, aber nie Briefe aus Algerien. Ich habe mich schon gefragt, ob meine Bücher in meinem Land gelesen würden. Zu wissen, daß sie es werden und daß sie geschätzt sind, macht mir ungeheure Freude.

An der Universität wird zur Zeit gestreikt, sonst hätte mich die Professorin gefragt, ob ich die Studenten und anderen Professoren treffen wolle. Schade, das hätte mir gefallen.

Warum streikt man an der Universität? Ich habe in Ben Aknoun Spruchbänder gesehen, die von Faschismus sprachen ... Sie glichen den Transparenten, die ich gerade in Paris gesehen habe, in Jussieu. Die Situation dieser jungen Leute scheint jedoch nicht vergleichbar zu sein. Die einen sind an alte Gebräuche gebunden, an einen verderblichen Konservatismus, an einen Kulturunterricht, bei dem die Kultur verlorengeht. Die anderen suchen sich die ihnen eigenen Strukturen, versuchen, ihre Kultur von der französischen Vergangenheit abzulösen, tasten sich zu einer algerischen Moderne vor, die sie noch finden müssen. Für die einen ist es Unbeweglichkeit, für die anderen Abenteuer, aber sie äußern sich in denselben Slogans ...

Eigentlich habe ich den Eindruck, sie platzen alle vor Geschichte, sei sie ganz neu wie hier oder sehr alt wie dort. Sie möchten heute und morgen leben. Aber außer für sie ist heute noch gestern. Man könnte sagen, das 19. Jahrhundert dauert zwei Jahrhunderte.

Je mehr die Tage vergehen, desto klarer wird mir, daß meine Reise eine unerwartete Wendung nimmt. Ich wollte das ganz Archaische, das ganz Alte in mir, die Rhythmen des Beginns suchen. Ich habe das alles intakt gefunden, gleich bei meiner Ankunft. Ich schwimme darin den ganzen Tag, ich bade darin mit Wonne, ich weiß, daß ich nicht vergessen habe, daß ich mich nicht verirrt habe. Ich empfinde darüber tiefe Seelenruhe, Befriedigung, Glück. Aber gleichzeitig finde ich mich mit dem Frischesten, Neuesten, Instabilsten in mir konfrontiert. Komische Sache!

Ich habe Bénédicte bis zu meiner Schule geschleppt. Der Hof versinkt in Bougainvilleen, aber der alte Olivenbaum steht nicht mehr. Am Tag der Kriegserklärung Italiens hatte ein feindliches Flugzeug Algier überflogen, und die französischen Artilleristen, die im Schat-

ten der Eukalyptusbäume von Fort-l'Empereur schliefen, waren aufgewacht, um gleich einen furchtbaren Kanonenschlag abzufeuern. Eine ungeheuere Explosion hatte mit ihren Druckwellen die Stadt geschüttelt, und mit einemmal hatte der Olivenbaum der Schule alle seine Blätter verloren!
Außer diesen Veränderungen in der Vegetation ist noch alles gleich. Sogar das Schild auf der Eingangstür. Elf Jahre darin verbracht. Elf Jahre, die ich mich vollgestopft habe mit den Verboten und Vergünstigungen meiner Religion und, als Prämie, mit Bildungsgütern wie «Unsere Vorfahren, die Gallier», «rosa-rosae», «die Unterverwaltungsbezirke der französischen Departements», «die Ableitung von x^2 ist $2x$» usw.
Meine Schule der guten Schwestern ist eine Mittelschule für Mädchen geworden.
In dieser Ecke der Stadt, kann ich sagen, hat sich kein Pflasterstein verändert. Nur daß die Gitter und Türen der Saint-Charles-Kirche geschlossen sind. Meine alte Pfarrei erinnert an ein Blockhaus. Als verteidige sie sich gegen einen Angriff.
Als die Franzosen Algier erobert hatten, waren die meisten Moscheen in Kirchen verwandelt worden, und ein Dekret von 1860 hatte den Moslems den Zutritt zu den katholischen Kultstätten verboten. Die Geschichte wird umgedreht und wieder umgedreht wie ein Pfannkuchen.

29. Mai

Chréa.
Das Wetter dort oben ist noch schlecht, während es sich an der Küste gebessert hat. Die Berge haben einen Wolkenhut. Die Bäume streifen langsame Nebelschwaden.
Alles ist intakt; ein bißchen älter geworden, aber intakt. Ich komme mir vor wie Dornröschen. Niemand ist hier. Die Häuschen sind verschlossen. Der feine Geruch des Zedernholzes dringt überall durch. Die Temperatur ist so niedrig für die Jahreszeit, daß es noch viele blaue und gelbe Stiefmütterchen im Unterholz gibt und Gänseblümchen, Heckenrosen, Weißdorn.
Es ist überhaupt keine Frage von Erinnerung. Die Gegenwart vermischt sich so sehr mit der Vergangenheit, daß ich mich nicht zu erinnern brauche. Ich bin da. Auch gestern war ich da. Gestern war

ich zehn Jahre alt, heute bin ich fünfzig, aber es ist nur ein Tag vergangen. Diesen Schieferblock dort, am Rande des Weges, den habe ich gestern verrückt, um besser radfahren zu können.
Ich treffe viele Freunde und Bekannte: die Zedern.
Guten Tag, ihr habt euch nicht verändert. Ich auch nicht.
Du, auf dich kann ich von hier klettern und auf dich von dort, du bist unzugänglich, deine Äste sind zu weit auseinander. Und du, Alter, mit deinem niedrigen, wie eine Wiege gekrümmten Ast! He, guten Tag!
Als die Wolken sich ein bißchen auflösen, sehe ich zwischen den Ästen meiner Freunde hindurch tausend Meter tiefer Blida golden in der Sonne liegen und die ganze Ebene bis zum Meer.
Es gefällt mir, Bénédicte wie ein Zicklein auf dem frischen Grün herumspringen zu sehen, im Schatten meiner alten Vertrauten. Chréa wird für mich eindeutig immer ein besonderer, ein seltener Ort sein. Es dauert im Auto kaum eine Stunde, bis das Wunder geschieht, bis man vom Meer ins Gebirge kommt. Und was für ein Gebirge! Hoch, mit blauen Zedern bewachsen. Mit Schnee! Dieser Schnee, ich weiß nicht, wie oft ich hier auf ihn gewartet habe vor Weihnachten. Er kam immer vor den Ferien oder danach, selten während der Ferien. Er foppte einen. Aber ich erinnere mich an die Morgen, die auf die seltenen Nächte folgten, in denen welcher gefallen war. Ich erwachte und hörte den Schnee, ich hörte seine gedämpfte Stille. Man mußte schnell aufstehen und ihn berühren, denn er blieb nicht lange liegen.
In Chréa gab es im Frühling Veilchen, Krokusse, seltene Blumen, französische Blumen ... Und dann gab es die Holzfeuer. Sie verströmten Wohlgeruch. Köstlicher Duft des Zedernholzes, zarter, exquisiter Duft. Und dann gab es, gibt es die Prozessionsraupen, die ihre weißen Nester in die Bäume spinnen und Nesselsucht hervorrufen. Im Sommer ziehen sie in kilometerlangen Prozessionen hintereinander her.
In Chréa gibt es gelbe Skorpione unter allen Steinen. Es genügt, einen umzudrehen, um sie aufzustören. Überrascht, sofort in Alarmzustand, die Beine gespreizt, stellte das Biest seinen Schwanz auf und bereitet sich darauf vor, seinen gekrümmten Stachel jedem, der sich nähert, entgegenzuschnellen. Als Kinder amüsierten wir uns, indem wir Ringe aus zusammengeknülltem Papier bastelten, in die wir die Skorpione mit einem Stöckchen hineinstießen. Wenn ein gutes Dutzend darin war, zündeten wir das Papier an und schauten

vergnügt zu, wie sich die Skorpione mit ihren Stacheln gegenseitig töteten; sie starben lieber so, als zu verbrennen. Diese Tiere waren für uns böse und ihre Stiche tödlich. Tatsächlich waren die Skorpione von Chréa nicht sehr giftig, aber wir wollten es nicht wissen. Und eines Tages, als mich einer am Ellbogen gestochen hatte und ich in heller Aufregung ins Haus stürzte, überzeugt, ich würde bald sterben, hat mir meine Mutter, um mich zu beruhigen, etwas gegen Insektenstiche auf den Arm gerieben. Das hat mich zutiefst verdrossen, und ich beharrte darauf, unverstanden, meinen Tod zu erwarten. Ich erinnere mich an die Rückkehr nach Algier am Abend, an die Stadt voller Lichter, und ich weiß noch, daß ich wehmütig dachte: Dies ist das letzte Mal, daß ich unser Haus wiedersehe ...
Wir verlassen Chréa. Abermals keine Nostalgie, nichts, was das Herz bedrückt, nichts, das einem Bedauern gleicht.

Rückfahrt zur Küste durch blumenstrotzendes Land. Entzücken. Wie schön dieses Land ist, wie es zu mir paßt, mit welcher Leichtigkeit ich mich von ihm bezaubern lasse! Ich nehme es auf, ich atme es ein, ich berühre es, ich liebkose es mit den Augen! Das ist wirklich eine Hochzeit zwischen ihm, das so alt ist, und mir, die ich so alt bin! Was für ein Fest!

Im Hotel Anruf einer Ärztin, die mich treffen will.
Sie kennen mich, ich kann es nicht fassen!

30. Mai

Strand. Sonne. Mittelmeer. Dieser Sand. Diese Küste. Diese Dünen. Ich habe sie nie verlassen. Es ist kein Wiedersehen. Es ist ein Sonnentag wie alle, die ich hier schon erlebt habe. Mein Körper spürt die Wonne des Badens, sobald ich das Meer, seine Farbe, seine Bewegung sehe. Ich weiß, wie kühl es sein wird. Ich weiß, wie es meine sonnengewärmte Haut in Besitz nehmen wird. Ich weiß, wie es in mich eindringen wird und wie ich mit ihm spielen werde. Schnell meine Kleider ausziehen, mein Handtuch ausbreiten und mich ausstrecken auf dem gewellten Strand, bäuchlings.
Eine schwarze Kakerlake. Die hatte ich vergessen. Guten Tag, ging

es gut in diesen 24 Jahren? Es sieht so aus. Sie beeilt sich, und ihre Beine zeichnen eine lange, deutliche Spur in den Sand. Der Duft der Tamarisken kommt in süßen, sinnlichen Schwaden herüber. Es gibt keine Dauer. Es gibt nur die glückselige Abfolge der Tage. Nur bei der Arbeit und im Unglück wird die Zeit gemessen. Sonst fließt sie ununterbrochen, gleichmäßig, und ich fließe mit ihr, endlos, identisch. Das Kind ebenso wie die Alternde, eingegliedert in den Rhythmus, unentbehrlich.
Ich betrachte die Kalerlake. Weiß ich ihr Alter? Nein, es ist die *die* Kakerlake, sie hat kein Alter. Ich auch nicht, ich bin die Moussia. Der Rhythmus braucht mein Sein, sonst würde er selbst nicht existieren. Ich sondere ihn ab, er sondert mich ab. Kreislauf der Perfektion, der absoluten Befriedigung.
Daß ich in diesen Sand soviel geschrieben habe, gibt mir das den Frieden, das Vertrauen, das ich hier spüre?
Den Unterarm um den Ellbogen drehen und mit dieser Bewegung einen großen Fächer auf den Strand malen. Mit der Fingerspitze auf die neue, helle Seite schreiben: «Ich liebe Jean-Pierre.» Durch diese Briefe die Totalität meines Lebens, meiner Wünsche nach außen projizieren. Mit Befriedigung und Unruhe mein Doppel im Sand abgedrückt sehen, einmal unbeweglich, ruhig, klar. Jemand kommt, mit einer kleinen unauffälligen Geste lösche ich es aus.
Identifiziere ich mich deshalb so vollständig mit den Stränden dieser Küste, weil sie alle meine Geheimnisse bergen?
Hineinschreiben: «Ich möchte den Wettlauf gewinnen – Ich glaube nicht an Gott – Edith ist meine Freundin – Ich habe keinen Hunger – Ich habe Angst zu sterben – Wo ist mein Vater? – Meine Mutter geht mir auf den Wecker – Werde ich Kinder haben? – Wie viele? – Heute nachmittag gehe ich mit Jean-Pierre in die Dünen.» Die Punkte und Kreuze der Seeschlachten hineinmalen. Den Kreis der Zielscheibe hineinmalen, in den das Messer, Griff in der Luft, treffen muß, möglichst nahe der Mitte. Das rechteckige Feld malen, über dem die Schilfrohre manipuliert werden, mit dem Rücken oder der flachen Hand. Gewinnen – Verlieren. Kindliches Kräftemessen. Entdecken, was gewinnen oder verlieren hier heißt, auf dem Sand, auf diesem Boden, wo alles verwischt, der nie Zeuge sein wird, nur etwas Bewegliches, mit dem ich mich vermischen kann.
Habe ich andere Geheimnisse, andere Siege und andere Niederlagen als die meiner Kindheit? Haben mich diese Strände nicht gelehrt,

daß man immer wieder anfangen kann, daß es immer gleich ist und immer verschieden?
Es ist mir zu heiß, ich gehe ins Wasser.

31. Mai

Heute ist Bénédictes Geburtstag. Sie ist jetzt zweiundzwanzig. Blitzlichter von ihrer Geburt in Lissabon.
Plötzlich kommt mir diese Reise zu zweit, von ihr und mir, wie einer Kompensation, eine Wiedergutmachung vor, weil ich sie nicht in Algerien zur Welt gebracht habe, ihr das vorenthalten wurde. Als ich durch Algier fuhr und in das orientalische Viertel kam, habe ich mehrmals einen Blick auf die Klinik geworfen, in der meine anderen Kinder geboren sind. Instinktives Gefühl, getan zu haben, was getan werden mußte. Unmöglich zu verstehen, warum. Einmal habe ich eine sehr lange Reise gemacht, um hier zu gebären, wie die Schildkröten, wie die Lachse ... Bei Bénédicte konnte ich es nicht, die Stadt war mit Feuer und Schwert überzogen, dort konnte ich mein Nest nicht bauen.

Zusammenkunft mit einer Gruppe algerischer Frauen in der Hotelhalle. Wieder einmal steigen mir die Tränen in die Augen. Ich verspüre Dankbarkeit ihnen gegenüber. Warum? Es kommt mir so vor, als machten sie mir ein großartiges Geschenk. Warum? Es kommt mir vor, als verziehen sie mir.
Es gibt nichts, was mir verziehen werden müßte. Obwohl *piednoir*, war ich nie für das französische Algerien. Seit meiner Kindheit hatte ich Konflikte mit meiner Familie, zuerst aus persönlichen Gründen, dann sind diese Gründe politische geworden. Ich war gegen das, was meine Familie repräsentierte: Frankreich und seine Eroberungen, sein Kolonialreich, seinen Dünkel, seine Verachtung, seinen Rassismus, seine scheinheilige Humanitätsduselei. Ich habe lange vor dem Algerienkrieg arabische und französische Freunde aus der Linken gehabt (nicht aus der flotten Pariser Linken). Sie sind alle von der OAS getötet oder vertrieben worden. Und wenn ich nicht im Ausland in Dienst gewesen wäre und außerdem zwei Babies auf dem Arm gehabt hätte, würde ich mit ihnen gekämpft haben. Es war für mich immer ausgeschlossen, in dieser Frage den geringsten Kompromiß einzugehen.

Warum dann diese Lust, danke zu sagen, diese Tränen in den Augen?
Das hängt zusammen mit meinem Leben als Schriftstellerin, mit meinen Büchern, mit dem, was ich hineinlege. Wenn ich einen Roman schreibe, denke ich nicht, daß die Seiten, die ich schreibe, ein Buch werden und daß es gelesen werden wird. Wenn ich daran denke, kann ich nicht mehr schreiben. Denn in meinem Heft vollenden sich die privatesten Vorgänge meines Lebens.
Einerseits bin ich eine Einzelgängerin. Ich versuche, alle Bedenken und Fragen, die mich hindern, meine Einsamkeit zu genießen, in mir auszurotten. Ich projiziere sie in ein anderes weißes, plattes und festes Ich, das ein Haufen Blätter ist (wie ich es mit dem Sand machte).
Andererseits liebe ich die anderen. Ich suche mit ihnen – die während des Schreibens nur Papier sind – zu teilen, was mir gefällt, was ich liebe, was ich genieße.
Zu meinem Manuskript habe ich ein leidenschaftliches Verhältnis. Ich verlasse es nicht, es muß neben mir liegen, wenn ich einschlafe. Ich hasse es, ich liebe es, ich habe Angst, es zu verlieren.
Die Monate und Jahre vergehen, plötzlich erscheint diese Summe niedergeschriebener Freuden und Ängste als Roman. Dann gehören mir die Seiten nicht mehr, das Manuskript wird mir fremd. Unweigerlich muß ich es abstoßen. Diese Entäußerung ist ein unverzichtbarer und schamloser Akt, den ich vollziehen muß. Es geht um mein Gleichgewicht.
Schamlos, das Wort ist draußen.
Was ich in allen meinen Romanen immer wieder beschreibe, ist, wie meine Erde mich die Liebe und das Lieben gelehrt hat und wie ich liebe, wie ich sie und das, was ihr am meisten gleicht, was ihr am nächsten ist, liebe, liebte und lieben werde. Ich will das alles ausdrücken. Es ist mir egal, wenn ich schamlos bin, die Scham verletze. Ich mag die Falschheit der Scham nicht, ich will dieser Krankheit nicht anheimfallen.
Aber ich möchte nicht indezent sein. In der Indezenz ist Unanständigkeit und Obszönität. Ich würde es verabscheuen, wenn ich in meinen Büchern indezent wäre.
In einem Gutachten über mein erstes Manuskript (ein vertrauliches Gutachten von Claude Roy, das ich nie hätte lesen sollen, das ich aber gelesen habe, weil das französische Verlagswesen vom Vertrauensbruch lebt; den liebt es, es vibriert von Geflüster und Indiskretio-

nen), in diesem Gutachten also stand, daß mein Manuskript nicht schlecht sei, daß es sogar Qualitäten habe und daß ich wunderbarerweise vermieden hätte, «einmal mehr das Buch einer indezenten jungen Frau» zu schreiben.
Über diesen Satz habe ich mich gefreut, aber er hat mich auch alarmiert. Die Grenze zwischen Schamlosigkeit und Indezenz ist schnell überschritten. Ich wußte, daß ich sie um nichts in der Welt überschreiten wollte, und doch, welches Risiko ging ich beim Schreiben ein!
Ich habe meinen ersten Roman 1960 und 1961 verfaßt (er ist im September 1962 veröffentlicht worden). Es ist eine Liebesgeschichte. Eine junge Frau, in Algerien geboren und nach Paris verbannt, findet, als sie sich verliebt, ihre eigenen Rhythmen, die Rhythmen ihres Landes, wieder. Damals hatte ich mit extremer Zurückhaltung schreiben wollen und doch den unbändigen Wunsch gehabt, meine Liebe zu Algerien zu äußern.
Das war mein erstes Buch, danach habe ich sieben weitere veröffentlicht, immer darauf bedacht, Indezenz zu vermeiden. Das ist nicht leicht, denn ich schreibe die ganze Zeit vom Leben einer Frau und von einem Land, das verheert ist von den Konflikten der Menschen. Zwei Tabus, auf die ich mich einlassen will, koste es, was es wolle, hartnäckig und dezent. Durch Äußerungen von fast überallher weiß ich, daß es mir gelungen ist. Wenn die Scham dabei eins abkriegt, von mir aus.
Aber was dachten sie in Algerien darüber? Ihr Urteil vermißte ich, und ihr Schweigen war eine Qual. Denn wenn es Menschen gibt, die das Recht haben, mich als indezent zu verurteilen, so sind sie es. Die Algerierinnen sind die echten Kinder meiner Erde, ihre Erbinnen. Ich bin nur ihr uneheliches Kind.
Wenn diese jungen Frauen also heute um mich sind, wenn ihre Gesichter freundschaftlich sind und ihre Augen lächeln, so haben sie mich nicht indezent gefunden, sie erkennen mich an.
Wir setzen uns in der Hotelhalle hin, gegenüber der Bucht von Algier. Wie oft habe ich mir das schon seit Jahren gewünscht? Millionenmal.
Eine einzige Frau in der Gruppe ist Französin, mit einem Algerier verheiratet, alle anderen sind Algerierinnen. Sie sprechen ein sehr schönes Französisch ohne den geringsten Akzent. Diese Sprache gehört ihnen ganz und gar, sie kennen die kleinsten Nuancen.
Schwarze Augen. Schwarze Locken. Eine Art, sich zu verhalten,

sich zu bewegen, sich zu setzen, die nicht europäisch ist. Ich habe oft bemerkt, daß die Menschen des Abendlands steife Gliedmaßen haben, daß ihre Hüft- und Schultergelenke und vor allem ihre Ellbogen und Handgelenke weniger beweglich sind als bei anderen Völkern. Ich kenne die grazilen und lebhaften Armbewegungen der arabischen Frauen. Ich weiß, wie sie den Couscous rollen, wie sie die Wäsche auswringen, wie sie die Früchte auf dem Markt betasten, wie sie mit den Händen sprechen. Alle, die hier bei mir sind, haben diese Gelenkigkeit in ihren Gliedern, aber sie benützen sie zum Unterrichten, Verteidigen, Überzeugen; sie sind Dozentinnen, sie sind keine *fatmas* mehr ...
Seit ich hier bin, denke ich dauernd an das Wunder, das Wunderbare, das eine Revolution ist.
Sie werden lebhaft. Sie fangen an, von ihrem Leben zu sprechen, das zum Platzen voll ist. Sie müssen ein Land aufbauen, Studenten unterrichten und ihr Frauenleben durchsetzen. Das ist schon anderswo nicht leicht, aber hier ... Was für eine Arbeit, was für ein Werk!
Sie sind zugleich ernst und begeistert. Sie wollen etwas und packen es an. Ich höre ihnen aufmerksam zu. Es wird eine Zeit dauern, bis ich alles sortieren kann, bis ihre Worte, ihre Reflexionen, ihre Erfahrungen, ihre Geschichten für mich als Wissen verfügbar werden. Ich bin dabei zu lernen, was die besonderen Forderungen der algerischen Frauen sind ... Sie werden Mut und Ausdauer brauchen.

Heute fahre ich nach Tipasa, wo ich eine Woche bleiben werde, bevor ich nach Frankreich zurückkehre.
In Algier hat sich mein Leben sehr schnell mit Leuten, Verabredungen, Telefonanrufen, Terminen gefüllt. Aber ich darf mir nichts vormachen, ich darf nicht glauben, ich könnte so einfach in das algerische Leben einsteigen, es ist zugleich zu ähnlich und zu verschieden von dem, das ich vorher kannte. Ich muß die Unmengen Bilder, Erinnerungen, Überraschungen, Fragen, die sich seit neun Tagen um mich angehäuft haben, sich erst setzen lassen.
Ich liebte meine Mutter, und meine Mutter liebte Blumen. Ich auch. Wenn ich meine Liebe zum Ausdruck bringen wollte, nahm ich mir vor, ihr einen Strauß zu schenken. Es gibt viele Blumen in Algerien, es ist nicht schwierig, welche zu pflücken. Aber es gibt tausend Arten, einen Strauß zusammenzustellen. Das kleine Mädchen ging in die Felder auf der Suche nach einem bestimmten Strauß, der ganz

bestimmte Farben und eine besondere Form haben sollte. Ein Blumengebinde, das seiner augenblicklichen Stimmung gleichen sollte: rund, spitz, fächerartig, warmes Gelb, kühles Blau ... Aber es geschah oft, daß es durch das Blumenmeer ging und nicht in der Lage war, einen Strauß zu pflücken. Es gelang ihm nicht zu wählen, sich zu entscheiden, es waren zu viele. Sein Wunsch zerfaserte, zerbrökkelte, verwirrte sich, wurde so kompliziert, daß es ihn nicht mehr präzisieren konnte. Es kam mit leeren Händen zurück.
Das ist ungefähr das, was geschieht, seit ich hier bin. In den ersten beiden Tagen habe ich das Land intakt, so schön wie in meinen schönsten Erinnerungen und sogar manchmal noch schöner wiedergefunden. Und dann hat sich dieser unveränderliche und großartige Grund sehr schnell in Gegenwart verwandelt. Eine Gegenwart, die den Blumenwiesen meiner Kindheit gleicht: Ich kann nicht mehr denken, es gibt zu viele Dinge, zu viele mögliche Überlegungen.
Lust, über die Revolution zu sprechen.
Lust, über die Frauen zu sprechen.
Darüber, was in Algerien die Revolution und die Frauen sind.
Aber ich weiß nicht genug darüber. Ich möchte die Geschichte verstehen, ich glaube, sie begreifen, mir zu eigen machen zu können, aber sie ist stärker, sie entzieht sich mir.

1. Juni

Gestern abend in Tipasa die Kröten. Ich hatte sie vergessen. Wie konnte ich so vergeßlich sein!
So viele Abende, so viele schlaflose Nächte, so viele Gedanken und Überlegungen, so viele einsame Stunden waren rhythmisiert durch Quaken. Freiheit, Liebe, Disziplin, Zukunft, Tod, wieder und wieder umgewendet von meinem neugierigen, furchtsamen und ungeduldigen Kinderkopf, während draußen vom Einbruch der Nacht an die Kröten mit großem Lärm die harten Brocken ihrer Existenz zermalmen. Hüter der Finsternis, Zeugen der unaufhörlichen Evolution des Lebens. Es gibt kein Innehalten, keine Ruhe. Die Bewegung hört nicht auf mit meinem Schlaf, um beim Erwachen wieder zu beginnen. Ich weiß es. Die Kröten lassen es mich hören.
Ich habe zu Bénédicte gesagt: «Du wirst sehen, um Mitternacht werden sie alle zusammen aufhören.» Und sie haben aufgehört. Dieser Rhythmus war in mir, und ich hatte ihn völlig verdrängt. Warum?

Heute morgen das Geräusch der Wellen. Sie kommen an meine Wiege wie Ammen voller Milch. Nur vom Hören weiß ich, welche Farbe das Meer hat, wie spät es ist, wie das Licht am Tag sein wird. Wiegt mich noch einmal, ich brauche eure schweren Brüste, euer Gemurmel, eure Heiterkeit. Ich werde es nie überdrüssig werden, von euch gewiegt zu werden. Von euch, so wie ihr seid an der Küste zwischen Chenoua und Sidi-Ferruch.

Eine Schwalbe hat ihr Nest an unser Zimmerfenster gebaut. Schwalben bringen Glück. Diese ist sehr geschäftig, fliegt die ganze Zeit ein und aus. Für Augenblicke ruht sie auf der Schwelle aus. Ich sehe ihren zuckenden weißen Bauch und die Kehle. Dann fliegt sie wieder weg, in das Blau des Himmels ein großes M malend wie auf Kinderzeichnungen.
Welcher Friede, welche Schönheit!
Ich werde nicht zum Gut fahren, wie ich es mir in Paris vorgenommen habe. Die Vergangenheit langweilt mich, besonders meine Vergangenheit. Ich habe viele Erinnerungen, um so besser. Aber ich habe keine Lust, mich darin zu wälzen. Dieses Gut ist zu weit weg, fünfhundert Kilometer von hier. Es ist mir nicht gelungen, einen Wagen zu leihen. Dorthin zu fahren, würde viele Komplikationen und Ausgaben bedeuten, wozu? Nur um Orte wiederzusehen und sie mit meinen Erinnerungen zu konfrontieren. Das scheint mir ungesund. Das scheint mir indezent. Um so mehr, als ich in der Mitidja mehrere «sozialistische Gutshöfe» gesehen habe, die sicher dem vergleichbar sind, was aus dem Gut meiner Familie geworden sein dürfte. Eine Art Barackensiedlung hat sich auf den Höfen und in der Umgebung ausgebreitet. Die Felder liegen oft brach oder sind vernachlässigt.
Ich weiß zu wenig, um zu urteilen oder zu kritisieren oder auch nur wahrzunehmen. Das Bevölkerungswachstum und die Industrialisierung stellen dieses Land vor Probleme, die ich nicht beurteilen kann, und ich werde sie gewiß nicht dadurch verstehen, daß ich hingehe und meine Felder inspiziere.
Jedesmal, wenn ich aufs Land gegangen bin, habe ich Bauern getroffen und mit ihnen geredet. Ihre Probleme sind nicht einfach. Manche, wenige, sind Eigentümer ihrer Felder geblieben, sie sagen, daß der Staat den größten Teil ihres Gewinns schluckt und daß sie nur noch soviel arbeiten wollen, wie nötig ist, um das zu produzieren, was sie für ihre Familie brauchen. Die anderen, die Mehrzahl, haben

von der Aufteilung der Gutshöfe der französischen Kolonisten profitiert. Man hat jedem ein Stück Land gegeben, das sie nach Belieben bebauen. Daneben bearbeiten sie gemeinsam die Äcker für die Kommune. Offenbar hat sie die Kolonisierung so verdorben, daß sie sich lieber mit ihrem eigenen Stück Land beschäftigen und den Rest verwahrlosen lassen.
Ich fühle mich nicht berufen, darüber zu sprechen. Algerien ist nicht nur ein ökonomisches Entwicklungsland, es ist auch ein sozialistisches Entwicklungsland ...
Der algerische Dichter Malek Haddad hat geschrieben: «Ohne Islam sind wir nichts. Ohne Sozialismus vermögen wir nichts.» Genau das höre und vernehme ich überall, es verfolgt mich wie ein Stammeln, ein Stottern, eine hartnäckige Leier, manchmal wie eine auswendiggelernte Lektion, manchmal wie eine Hoffnung. Die Dinge sind ins Rollen gekommen, das merkt man, das ist spürbar, das beunruhigt und begeistert mich.

2. Juni

Der Chenoua ist ein düsteres, schroffes Gebirge, das ins Meer abfällt. Zu seinen Füßen, den roten Klippen, erstreckt sich der lange Bogen des Strandes, wo ich jetzt bin. Der Chenoua hat immer den Horizont meiner Strände begrenzt, Sidi-Ferruch, Zéralda, Douaouda, Tipasa. Für mich ist er das feste Scharnier zwischen Erde und Meer, die hier in vollkommener Harmonie sind, eins des anderen Schmuck.
Heute morgen haben sich zwei Kamele auf den Sand gelegt, so daß es von weitem aussah, als hätten sie einen einzigen Körper und zwei Köpfe. Sie passen nicht hierher. Man hat sie für die Touristen hierhergebracht, die nach Europa und sonstwo zurückkehren werden und erzählen, die algerischen Strände seien von Kamelen bevölkert! Ich sehe sie an dieser Küste zum erstenmal.
Keine Lust mehr, ein Tagebuch zu führen, als müßte ich eine Fiebertabelle ausfüllen oder eine Tagesordnung einhalten.
Bénédicte hat mir einige Abschnitte von dem vorgelesen, was sie geschrieben hat, seit sie in Algerien ist. Sie spricht von mir, von der Mutter und von der Jugend.
Es ist seltsam, ich bin nach Algerien gekommen, um meine Wurzeln wiederzufinden, aber sie sind so stark, daß ich sie nicht lange

zu suchen brauche, und die Gegenwart hat mich fast sofort angezogen. Bénédicte ihrerseits ist hier in Neuland gekommen, und nun denkt sie über ihren Ursprung, ihre Wurzeln, ihre Vergangenheit nach ...

El Moudjahid hatte gestern quer über alle Spalten die Schlagzeile: «Einheit und Wachsamkeit für die nationale Charta und unsere Errungenschaften.» Ich stelle mir vor, die französischen Zeitungen brächten alle zusammen die Schlagzeile: «Einheit und Wachsamkeit für die Erklärung der Menschenrechte und unsere Errungenschaften.» Welche Bilanz müßte man da ziehen!
Heute hat *El Moudjahid* die Schlagzeile: «Wir arbeiten für eine totale politische, ökonomische und kulturelle Unabhängigkeit.»
In Frankreich würde eine solche Überschrift eine große Scheinheiligkeit maskieren oder eine dümmliche Einfalt entlarven. Und wäre es nur wegen des «Wir». Seit kurzem frage ich mich, wie man dieses Pronomen im Zusammenhang mit dem französischen Volk verwenden könnte, und ich finde nur: Wir sind alt.
Siebzig Prozent des algerischen Volkes ist jünger als fünfundzwanzig Jahre.

Lust, über die Frauen zu sprechen, Lust, über die Revolution zu sprechen. Warum mich nicht dieser Lust überlassen? Weil ich weiß, daß ich, um «ernsthaft» über diese Themen zu sprechen, theoretische Wörter, technische Wörter verwenden müßte, daß ich eine Sprache sprechen müßte, die ich nicht sprechen will, eine Sprache, die einsperrt, klassifiziert, organisiert, ausgibt und einspart. Wie kann man solche Begriffe verwenden, um von den Frauen und der Revolution zu sprechen? Ich habe Lust auf fließende Wörter, bewegliche Bilder ... Wieder einmal lähmt der Gedanke an die Lektüre mein Schreiben ... Gestern, am späten Nachmittag, waren Bénédicte und ich allein mit dem Barmann und tranken ein Bier. Der Sonnenuntergang war herrlich. Wir betrachteten ihn alle drei, ohne zu sprechen. Plötzlich habe ich gesagt: «Der Himmel ist rot, morgen wird es windig sein.» Der Barmann hat zugestimmt und hinzugefügt: «Auf arabisch sagt man: Wenn der Himmel rot ist, dann sattle dein Pferd, zieh deine *gandoura* an und mach dich bereit zum Galopp ...»
Bilder. Die algerische Sprache wimmelt von Bildern, die der Bibel

auch. Das sind die beiden Sprachen meiner Kindheit. Ich brauche Bilder, um zu verstehen und mich auszudrücken. Mein Kopf arbeitet mit Bilderfolgen. Mein Denken ist ein Comic strip. In Frankreich nimmt man die Comics nicht ernst. Um ernst zu sein, muß man abstrakt denken, abstrakt reden, abstrakt schreiben. Bilder sind gut für Kinder, für Jugendliche, für Ungebildete, für Alte, die nicht mehr lesen können, weil sie fast blind sind, und ... für Frauen (für die, die nicht ernst zu nehmen sind).

Es ist normal, über die Revolution sprechen zu wollen. Hier ist sie noch lebendig, ist sie nah. In jeder Unterhaltung mit einer Algerierin oder einem Algerier, seien sie fünfzehn, vierzig oder siebzig Jahre alt, taucht ein Satz auf, der beginnt mit «Seit der Unabhängigkeit» oder «Vor der Unabhängigkeit» oder «Nach der Unabhängigkeit». Aber jeder Tag entfernt sie von der Unabhängigkeit. Jetzt machen sie nicht mehr die Revolution, sie organisieren sie, aber sie wissen es nicht. Das algerische Volk ist noch mobilisiert, bereit, die Mistgabeln zu schwingen und die Fäuste zu erheben. Es macht sich nicht wirklich klar, daß sich die Bürokraten schon eingerichtet haben, daß sie ihre Schreibtische, Tintenfässer und Federhalter schon günstig plaziert haben und dabei sind, ein für allemal die Einrichtungen des algerischen Volkes zu definieren. Wird es genauso in die Falle gehen wie das Volk von 1789 oder das der Commune oder das der Oktoberrevolution?
Kann man nicht in die Falle gehen? Ist die Geschichte immer zu schwer? Warum bringt die Macht notwendig das Verbot zu wählen mit sich?
Ich spüre hier für Augenblicke, daß die Macht zum Zeitpunkt der Unabhängigkeit eine Wahl getroffen hat und daß sie Schwierigkeiten hat, diese Wahl durchzusetzen. Die Vorbehalte, auf die sie trifft, werden immer als Folgen der Kolonisation interpretiert. Aber vielleicht gibt es noch andere Gründe für diese Vorbehalte. Manchmal habe ich den Eindruck, daß sich die Macht in Frage stellt und daß in Algerien noch eine wirkliche Demokratie besteht. Dann habe ich wieder den Eindruck, daß die Wahl der Macht ein für allemal getroffen worden ist und eine bestimmte Politik nach sich zieht, die schnell die Möglichkeit einer Wahl des Volkes aufreiben, die Körper und Geist uniformieren wird.
Mich frappieren die vielen ausländischen Berater aus dem Westen wie aus dem Osten, die hier sind. Sie kommen an Feiertagen an den

Strand oder verbringen im Hotel alle Vierteljahr ihre Urlaubswoche. Sie bilden Gruppen: die Polen mit den Polen, die Franzosen mit den Franzosen ... Das sind die stärksten Kolonien hier in Tipasa. Wenn sie über Algerien sprechen, greifen sie zu einem paternalistischen, beschützerischen Ton, sie halten dieses Land für eines, dem man helfen muß ... Ich habe schon einmal so über Algerien reden hören, vor der Unabhängigkeit ...
Ich bin hier am Strand, ich schaue dem Gewimmel der Badenden mit ihren braunen Körpern zu, ich betrachte die Sonnenbrände meiner Gesprächspartner, ich lausche ihren kompetenten und angeblich wohlwollenden Worten, ich denke daran, was in den jeweiligen Ländern dieser Männer vorgeht, und frage mich, wie sie soviel Sicherheit haben können. Der Gulag, die Apartheid, die Einmischungen des CIA, die Planung aller Formen von Rassismus, die Umweltverschmutzung, gibt ihnen das ihre Gewißheit? Aber ich bin nur eine Frau, und daher verstehe ich wahrscheinlich nichts von diesen ernsten Problemen.
Wenn man in Algerien nicht glaubt, was der andere erzählt, zieht man am unteren Lid und sagt: «Sieh mal, mein Auge.» Das tue ich hiermit.
Die Ameisen fressen jetzt den Kuchen, verzeihen Sie das Bild.

3. Juni

Heute sind es vierundzwanzig Jahre her, daß meine Tochter Alice auf diesem Boden, in Algier, geboren ist. Drei Wochen später ging ich weg, ohne zu wissen, daß ich vierundzwanzig Jahre brauchen würde, um wiederzukommen. Keine Erinnerung an die Abreise, ich dachte nur an meinen Mann, der in Frankreich das mündlliche Staatsexamen ablegte und der unser neues Kind noch nicht kannte. Das ist alles.
Keine Erinnerung auch an meine letzte Begegnung mit meinem Vater. Wo, wann, wie habe ich ihn zum letztenmal gesehen? Unmöglich, diese Spur in meinem Gedächtnis wiederzufinden.
Algier ...
Mein Vater ...
Die Hauptfigur meines nächsten Romans ist ein Mann, ein Vater-Mann. Ich habe Schwierigkeiten, dieses Buch zu entwerfen, weil ich nicht weiß, was ein Vater ist. Ich dachte, ich würde meinen ein

wenig finden, wenn ich nach Algier käme. Mein Vater ist nicht in Algerien geboren, aber hier bin ich ihm manchmal begegnet, und in Algier ist er beerdigt. Ich habe meinen Besuch auf dem Friedhof-Garten erzählt, seither ist mein Vater leicht zu tragen, ich habe ihn in die Vegetation, in die Jahreszeiten integriert. Vielleicht kann ich meinen Roman fortsetzen, wenn ich wieder in Paris bin. *Inch Allah*!
Vor vierundzwanzig Jahren habe ich Alice zur Welt gebracht, leicht, glücklich. Ich habe ihr den Namen ihrer Großmutter gegeben, die auf einem Gutshof in der Gegend von Mostaganem im Departement Oran 1878 geboren ist.
Ich komme aus einer Familie von Frauen. Die Ehemänner bei uns starben früh oder gingen weg. Meine Urgroßmutter war mit vierundzwanzig Jahren Witwe, meine Großmutter ein wenig später, meine Mutter war mit achtundzwanzig Jahren geschieden. Und ich ... ich lasse mich treiben.
Eine Frauenfamilie, die sich vermehrte wie die Quecke auf der oranischen Erde.
Ich glaube nicht, daß ich über die Frauen sprechen kann, solange ich hier bin. Das Thema ist zu brennend, zu schmerzlich, zu besonders in Algerien. Immer die Blicke der Männer auf uns, als wären wir eine käufliche Ware, die beurteilt, vermessen, bewertet wird. All diese Spione, die ständig an uns kleben, uns nerven; das Gefühl, überhaupt keine Freiheit zu haben. Die Unmöglichkeit, draußen zu bestehen.
Wir wagen nicht, den kurzen Kilometer, der uns von den römischen Ruinen Tipasas trennt, zu Fuß zu gehen. Ein herrlicher Ort, den ich gut kenne, meine Tochter aber nicht. Wir werden ein Taxi nehmen müssen. Wenn wir dorthin spazierten, wie wir es möchten, würde uns nichts Schlimmes passieren, aber wir würden von einer Eskorte anzüglicher Witzbolde, klebriger Kavaliere, eingebildeter Quälgeister, salbungsvoller Beschützer angeödet. Die alte Leier! Genauso ist es in Algier undenkbar, sich auf eine Caféterrasse zu setzen und eine Limonade zu trinken. Man würde einen Auflauf provozieren. Es gibt anscheinend Studentencafés, wo Frauen hingehen können, aber ich kenne sie nicht.
Der Lebensraum für eine Frau ist hier sehr eingeschränkt. Wie es uns ein Kellner gestern erklärt hat: «Für ein junges Mädchen gibt es das Haus – die Schule, die Schule – das Haus. Für eine Frau nur das Haus. Und ab und zu den *hammam*.» Ein anderer, zu dem ich sagte,

daß sehr wenig algerische Frauen am Strand wären: «Ich gehe mit meiner Frau zweimal im Monat an den Strand, mit den Kindern.» Ich habe mich nicht getraut, ihn zu fragen, ob sie badet oder ob sie da ist, um allen das Picknick zu servieren. Man sieht sie manchmal ankommen, beladen mit Körben, mit verrutschtem *haïk* und schiefem *hadjar*. Sie bleiben angezogen in der bleiernen Sonne, kümmern sich um die Kinder, bereiten die Mahlzeiten. Sie rühren sich nicht von ihrem Platz.
Bénédicte und ich liegen am Strand in höchst korrekten einteiligen Badeanzügen. Wir plaudern, wir schreiben, wir lesen, wir träumen. Um uns mindestens zwanzig Augenpaare, die nicht von uns ablassen ... Ich bemerke, daß die Algerier Mauern um Häuser errichtet haben, die keine hatten oder weniger hohe. Ich denke, dadurch sollen die Frauen bewacht werden. Bénédicte glaubt, damit würden die Orte in Besitz genommen.

In dem Hotel, in dem wir wohnen, sind die überwiegende Mehrheit der Angestellten und des Personals Praktikanten aus den Hotelschulen. Sie kommen aus allen Ecken Algeriens, aus Mascara, aus Oran, aus Sétif, aus Djidjelli, aus Médéa, aus Bougie, aus Tizi-Ouzou, aus Biskra, aus Algier, von überallher. Sie sind jung: zwischen zwanzig und fünfundzwanzig Jahre. Im Gespräch mit ihnen wird mir ein wenig bewußt, was im ganzen Land vor sich geht. In der Frauenfrage habe ich wenig Unterschiede gefunden: Eine Algerierin, die sich nicht traditionsgemäß verhält, ist eine Hure oder verrückt. Ich konnte nur mit einem einzigen von ihnen wirklich diskutieren. Zum Schluß hat er zu mir gesagt: «Wir sind die geopferte Generation. Mit uns wird das Experiment gemacht.» Ich habe gefragt: «Ist das interessant?» Er hat geantwortet «Ja.»
Ich finde, sie reden offener, wenn ich sage, daß ich in Algier geboren bin und wenn ich unter drei Wörter Französisch ein Wort Arabisch mische. Um sicherzugehen, daß ich wirklich etwas mit ihnen zu tun habe, fragen sie mich aus: «Du kannst also Couscous machen? – Ja. – Laß sehen, wie du es machst.» Ich beginne, in der Luft die Gesten zu beschreiben, mit denen man den Grieß rollt, ihn mit Salzwasser benetzt, ich verbrenne mich an den imaginären Klümpchen, die man entfernen muß. «Dann gehörst du zur Familie.» Sie lachen, sie machen sich nicht lustig. Ich gehöre für sie immer noch in die Welt der Frauen.

Kannst du *chorba* machen?
Ja.
Hältst du den Ramadan ein?
Nein.
Warum?
Weil ich nicht Muselmanin bin.
Schweigen.
Was kann man sein, wenn man nicht Muselmane ist? In ihrem Schweigen glaube ich, daß diese Frage sich nicht einmal stellt. Was nicht dem muselmanischen Universum angehört, ist ein Kuriosum, ein Fehler, eine Ausnahme, ein Auswuchs, etwas, das sich nicht in die normale Ordnung der Dinge fügt. Es ändert nichts, daß der Westen ganz nah, Asien weiter, das götzenanbetende Afrika mit dem Landrover zu erreichen ist. Die Sozialisierung Algeriens hat daran nichts geändert. Wie kann man Islam und Sozialismus versöhnen? Die Männer sagen, es sei möglich. Und die Frauen auch ...
Und wenn es eine andere Art der Arbeit gäbe?
Und wenn das Leben einen anderen Sinn hätte?
Und wenn die Kontemplation nötig wäre?
Der Koch der *Poissonnerie* bleibt stundenlang vor der Tür seiner Küche sitzen und schaut aufs Meer. Der Kamelwächter bleibt ganze Tage lang unter den Tamarisken hocken, allein, bewegungslos. Die junge Frau, die mein Zimmer in Ordnung bringt, setzt sich auf einen Schemel, wenn sie mit ihrer Arbeit fertig ist, und betrachtet lange die Badenden am Strand. Weder die einen noch die anderen langweilen sich.
Wie soll man die unumgängliche Langsamkeit dieser Zeit dort mit den Arbeitstagen der Produktion, ihrer präzisen Zeiteinteilung, ihrem schnellen Takt versöhnen?
Warum sollten die Algerier nicht die Lösung finden?

Noch drei Tage und ich reise ab. Der Strand ist rosa, das Meer türkis, der Chenoua schwarz. Ich habe überhaupt keine Lust zu gehen.

4. Juni

Ein wenig Katzenjammer. Keine Lust abzureisen. Doch mein Leben ist nicht mehr hier, und ich will auch nicht, daß es hier ist.
Offenbar wird es jetzt endgültig heiß. Es ist nicht zu früh.
Den ganzen Tag war ich damit beschäftigt, diese Hitze wieder zu spüren.
Brigitte, eine belgische Freundin, hat neulich zu mir gesagt: «Sie sprechen in Ihren Büchern nur von der Hitze. Aber in Algerien ist es auch bitterkalt.» Das stimmt, in Algerien ist es sehr feucht, und mindestens drei Monate im Jahr bibbert man. In der Kabylei friert und schneit es. Aber worauf es ankommt ist die Hitze. Die Vegetation, die Häuser, die Rhythmen sind für die Wärme gemacht, so wie Quebec für die Kälte gemacht ist, auch wenn es dort im Sommer oft sehr heiß ist. Die Algerier warten auf die Hitze wie die Quebecer auf den Schnee, mit Ungeduld. Obwohl sie wissen, daß sie bald darunter leiden werden.
Heute erklären alle Leute, denen ich begegne, glücklich: «Für diesmal hätten wir's, der Sommer ist da.»
Ja, er ist da, ich kann nicht daran zweifeln, er hat sich an der Erde festgeklammert, und er wird sie nicht loslassen vor Oktober. Ich bin froh, daß Bénédicte ihn kennenlernt.
Doch ich bin erstaunt, wieviel kleine Details ich vergessen habe: den Duft des überhitzten Oleanders, die Ruhe einer weißen Mauer im Schatten, den Sand, auf dem man nicht gehen kann, die unter dem Gebüsch schlafenden Katzen und Hunde, die Kloakengerüche, die vom Zirpen der Insekten erfüllte Natur.
Alle meine alarmierten Sinne nehmen die Signale der Hitze auf, die lange nicht mehr gesendet worden waren und die in mir sofort wieder ihre Empfangssäle, ihre Ballsäle, finden.
Lust auf eine Siesta. Lust zu baden. Ich habe nur das zu tun. Das Paradies.
Ja, aber ein Paradies, das ich bald verlieren werde. Und auch ein Paradies, in dem ich den Schrecken kennengelernt habe. Paradies-Hölle. Paradies mit zwei Gesichtern.
Warum muß ich heute, um zu schreiben, auf meine Emotion des ersten Tages, der ersten Stunde warten, als ich die Große Post sah? Ich erinnere mich, bei ihrem Anblick legte ich die Hände vors Gesicht. Monsieur M. und sein Sohn taten, als sähen sie mich nicht. Ich

mußte eine enorme Anstrengung unternehmen, damit meine Rückkehr nach Algier nicht da schon gleich zu Ende war. In jenem Augenblick sah ich nur eine Lösung: fliehen, abreisen, es gab hier nur Vergangenheit, eine Vergangenheit, die mich quälte. Der Schock war heftig, und ich brauchte mehrere Minuten, um die Hände wieder vom Gesicht zu nehmen und von neuem zu schauen. Wir hatten die Große Post hinter uns gelassen.
Nichts hat sich verändert an diesem Ort, unmöglich zu vergessen. Dort, während des Algerienkrieges, eine junge erregte Stimme, die schrie: «Nicht schießen! Nicht schießen!» Aber das Schießen hörte nicht auf. Aus nächster Nähe wurde in die Menge geschossen. Körper, Blut, die Leute, die durchgingen und drübersteigen, die schrien, die sich retteten, die fielen. Entsetzen. Leichenhaufen. Dort, am selben Ort, hat meine Mutter mir vor vierzig Jahren die Seele aus dem Leib gerissen ...

In jedem meiner Manuskripte nehme ich einen Abschnitt aus einem vorhergehenden Manuskript wieder auf. Um den Zusammenhang herzustellen, um anzudeuten, daß ich immer nur ein einziges Buch schreiben werde, das aus allen meinen Büchern bestehen wird. Diesmal drängen sich mir Zeilen aus *Les Mots pour le dire*** auf:
Alle ihre Vorträge, Ausführungen, Eröffnungen und Instruktionen über die Frauen, die Familie, die Moral, das Geld bescherte sie mir auf der Straße.
Eine lange, abschüssige Straße, deren Namen ich wie zufällig vergessen habe. Eine Straße, die von der Großen Post zum Hotel Aletti führte. Auf einer Seite Häuser, auf der anderen eine Rampe, die die Rue d'Ornano überdachte und am Ende die Höhe der Straße erreichte.
Eine Straße im Zentrum, voller Passanten und Lärm. Was ich sah, denn ich senkte den Kopf, während sie sprach, waren die Zementplatten des Trottoirs und darauf der Müll der Stadt: Staub, Spucke, alte Zigarettenstummel, Pisse und Hundedreck. Dasselbe Trottoir, auf dem später das Blut des Hasses fließen sollte. Dasselbe Trottoir,

---

* Die deutsche Übersetzung erschien 1977 unter dem Titel *Schattenmund* im Verlag Rogner & Bernhard, München, die Taschenbuchausgabe im Rowohlt Verlag, Reinbek (neue frau). Die Textstelle wurde neu übersetzt. (Anm. d. Hg.)

das mir noch zwanzig Jahre danach Angst machen sollte, Todespein wegen der Sache.
Sie war stehengeblieben. Ihre behandschuhten Hände auf das Steingeländer gestützt, schaute sie in die Ferne, weg über die Straße, die einen geraden Schnitt durch die Stadt zog, weg über den noch tieferliegenden Hafen, dessen Kräne wie ein Haarschopf über seinem lärmigen Treiben herausragten, weg über die vor Hitze flimmernde, spiegelglatte Bucht, weg über die Berge am Horizont, sie schaute dorthin, wo die Erinnerungen intakt sind, konserviert im Eis der Vergangenheit.
Wenn ich hätte wissen können, was sie mir Schlimmes antun würde, wenn ich mir, anstatt es nur zu ahnen, die gemeine, unheilbare Wunde hätte vorstellen können, die sie mir zufügen würde, hätte ich laut geschrien. Fest auf meinen beiden Beinen stehend, hätte ich den Urschrei in mir gesucht, den ich hochkommen spürte, ich hätte ihn bis in die Kehle, bis in den Mund gelassen, dem er zuerst dumpf wie ein Nebelhorn entwichen wäre, dann hätte er sich zu einem Sirenengeheul zugespitzt und wäre schließlich zu einem Orkan angeschwollen. Ich hätte um mein Leben geschrien und hätte nie die Worte gehört, die sie nun wie lauter verstümmelnde Klingen auf mich niederprasseln ließ.
Da auf der Straße hat sie mir mit ein paar Sätzen die Augen ausgestochen, das Trommelfell zum Platzen gebracht, den Skalp abgezogen, die Hände abgehackt, die Knie gebrochen, den Bauch zertreten, das Geschlecht verstümmelt.
«Schwanger mitten während der Scheidung! Ist dir klar, was das bedeutet! ... Ich wollte mich von einem Mann trennen, von dem ich ein Kind erwartete ... Das verstehst du nicht ... Ach, du bist zu jung, du verstehst nicht, was ich meine! ... Aber ich muß mit dir reden, du mußt wissen, was man erleiden kann wegen einer Dummheit, wegen ein paar Sekunden ...
Hör zu: Wenn ein Kind sich einmal richtig eingenistet hat, kann man nichts mehr machen, um es loszuwerden. Und ein Kind, das holt man sich in ein paar Sekunden. Verstehst du mich? Verstehst du, warum ich will, daß du aus meiner Erfahrung lernst? Verstehst du, daß man in der Falle sitzt? Verstehst du, warum ich dich warnen will? Verstehst du, warum ich will, daß du das weißt und daß du dich vor Männern in acht nimmst?
Ich, mein Kind, ich habe mein Fahrrad hervorgeholt, das schon seit ewigen Zeiten im Schuppen rostete, und bin durch die Felder gefah-

ren, durch die gepflügte Erde, überall. Nichts. Ich bin stundenlang, geritten: über Hindernisse, im Trab – es ging nicht weg, bitte glaube mir. Nichts. Wenn ich mit dem Fahrrad oder dem Pferd aufhörte, ging ich Tennis spielen in der Knallhitze. Nichts. Ich habe ganze Packungen Chinin und Aspirin geschluckt. Nichts ... Nach über sechs Monaten solcher Kur mußte ich wohl zugeben, daß ich schwanger war, daß ich noch ein Kind kriegen würde. Außerdem sah man es, ich habe aufgegeben.»
Jetzt wandte sie sich mir zu und schob mir mit einer der schönen Gesten, wie sie die Weißen in den Kolonien haben, diesen kreolischen Gesten, in denen sich die Zurückhaltung Europas und die

Sehnsüchtigkeit der heißen Länder vermischen, meine widerspenstigen Stirnlocken unter das Satinband, das meine Haare zusammenhielt.
«Schließlich wurdest du geboren, denn du warst es, die ich erwartete.»
Ohnmächtig, resigniert, besiegt, enttäuscht und gedemütigt hat sie mich schließlich lebend ins Leben rutschen lassen, wie man den Kot herausrutschen läßt.
Da hat sie mich verlassen, an der Ecke der Großen Post, auf der Straße. Ich habe mich festgehalten, wo ich konnte, an der Stadt, am Himmel, am Meer, am Djurdjura. Ich habe mich an sie geklammert, sie sind meine Mutter geworden, und ich habe sie geliebt, wie ich meine Mutter hätte lieben wollen.
Warum schreibe ich das heute und nicht zu Beginn meines Aufenthalts? Weil ich unser nicht sicher war, weil ich nicht sicher war, ob wir uns noch liebten, Algerien und ich. Vielleicht hatten die Jahre und die Geschichte alles zugrunde gerichtet. Doch nein, es geht mir hier gut, diese Erde ist immer noch meine Mutter.

5. Juni

Der Druck der Abreise, der Druck meines Lebens zu Hause.
Heute ist mein letzter voller Tag in Tipasa. Morgen abend kehre ich nach Algier zurück. Übermorgen fliege ich.
Vergangenheit und Gegenwart vermischen sich von neuem, wegen der Hitze, wegen der Abreise. Bedauern, nicht zum Gut gefahren zu sein. Dieses Bedauern zurückweisen.

Heute ist Donnerstag, was dem Samstag in Frankreich entspricht, denn der Freitag ist in Algerien Feiertag. Es sind viele Leute am Strand.
Ein Mann hat unter demselben Schilfdach Schutz gesucht wie wir. Seine Brust, seine Schultern sind stark bewachsen, seine Haare glänzen, sein Schnurrbart ist üppig. Er ist ein wenig fett, ein wenig schmierig; von der Sorte, die einem Angst macht ... Ich dachte zuerst, er würde uns belästigen, aber ich habe mich getäuscht, er sucht wirklich ein wenig Schatten, und außerdem hat er Lust zu reden. Und er redet, er hört nicht mehr auf. Er ist Ingenieur, er hat sein

Studium beendet, und jetzt leistet er seinen Militärdienst ab. Er beklagt sich über alles: das Regime, die Bürokratie, die Privilegien, die Schmarotzer, die Scheinheiligkeit, die vernachlässigte Landwirtschaft: «Es werden Tomaten importiert!», die Dummheit der Armee, die Dummheit der Administration ...
Ab und zu sage ich: «Wenn Sie glauben, daß das in Frankreich besser ist ...», das ist alles, was ich sagen kann.
Das Gefühl, in einen Betonklotz eingeschlossen zu sein. Die Sonne bannt uns in das Schattenrechteck. Tausende von Kindern tummeln sich am Wasser und im Wasser, die schwarzen Punkte ihrer Köpfe sehen aus wie die Fortsetzung des Strands. Cliquen von Jugendlichen spazieren vorüber mit Transistorradios, die auf Monte Carlo eingestellt sind und Discosound plärren.
Naivität meiner Hoffnungen, meines Engagements ... Es wird immer Reiche geben und andere, die sich ausbeuten lassen.
Ich will diesem Mann, der klar und ruhig spricht, gern zuhören, aber ich will nicht resignieren. Ich bin nicht hierhergekommen, um zu resignieren, im Gegenteil. Dieser gute Mann macht mich ganz trübsinnig. Muß die Menschheit notwendig an Krebs erkranken? Muß man, je nachdem ob man Demagoge oder Demokrat ist (was oft auf das gleiche herauskommt), mehr oder weniger heuchlerisch akzeptieren, daß es immer Lager, Elendsviertel, Ghettos, Harems geben wird? Ich kann mich nicht mit der Ausbeutung in welcher Form auch immer abfinden.
Sich seines Frauseins bewußt zu sein, heißt die umfassendste Revolte zu leben, über den Klassenkampf hinauszugehen, denn die Frauen aller Klassen werden ausgebeutet. Ich lebe in dieser Revolte.
Anstatt sich weiterhin in großen Worten und großen Ideologien zu ergehen, die mit trostloser Beständigkeit und im unmenschlichen Rhythmus einer kriminellen Ökonomie Kolonisten und Kolonisierte hervorbringen und abschaffen, könnte man doch einmal von der Macht sprechen. Nur von der Macht: Wie unvermeidlich sie ist, wie sie ergriffen wird, wie sie sich etabliert, wie sie drückt, sobald sie sich etabliert hat, wie man verhindern kann, daß sie sich etabliert.
Die permanente Revolution: welche Worte! Aber sie sind schon vereinnahmt, gefangen, eingesperrt von der üblichen Blindheit und Gier der Macht. Könnte man nicht andere finden?
Es ist schon zu heiß und drückend.

Abend im Dorf des Chenoua. Bunte Schleier im Westen.
Hier, am Fuße des Gebirges, hinter dem die Sonne verschwunden ist, beginnt die Dämmerung, während Tipasa, in der Mitte der gekrümmten Küste, sich rot färbt und das Weiß des gegenüberliegenden Zéralda noch in der Sonne gleißt. Es ist schön, die Erde ist schön.
Unter dem Dach einer Zypressenallee spielen Männer am Straßenrand Boule. Unter ihnen zwei alte *pieds-noirs*, die nicht hatten weggehen wollen. Das Geräusch der aneinanderstoßenden Stahlkugeln. Ausrufe. Sie spielen.
Eine Frau backt Brotfladen in einem kegelförmigen Tonofen. Ich kenne diese Gesten, die ein letztes Mal den Teig plattschlagen und ihn in den Ofen schieben, ohne die Finger zu verbrennen. Sie verschließt den Ofen mit einer Metallplatte, um die sie feuchte Lappen legt, damit die Hitze nicht entweicht. Kaum hat sie sich entfernt, fällt der Deckel mit großem Geklapper ab, was sie nicht erschreckt. Sie kommt zurück, bringt die Platte ruhig wieder an und geht.
In einer von Winden und Geißblatt überwucherten Laube habe ich einen ihrer Fladen gegessen, noch so heiß, daß man sich die Finger daran verbrennt; getunkt in die pikante Schneckensauce war er eine Köstlichkeit.

6. Juni

Packen. Den Kummer nicht hochkommen lassen beim Anblick des Meeres, der roten Felsen zur Rechten mit den Mastixbäumen darauf, des Chenoua zur Linken, schwarz, mit dem brennenden Strand davor. Ich komme ja wieder, es ist kein Problem.
Zum letztenmal dieses Jahr hier schwimmen. Das Wasser löscht alles. Es wäscht, streckt, erfrischt, es macht glücklich. Ich schwimme weit, ich entferne mich vom Land. Das Meer in den Haaren, den Rücken entlang, zwischen den Pobacken, unter den Armen, in Bläschen unter der Fußsohle, zwischen den Zehen. Ich bin ein Jahrmarktsfest, eine Trunkene. In sanfter Bewegung, im langsamen Rhythmus meines alten, erprobten Kraulens. Langschwimmerin. Ich öffne die Augen in dem türkisfarbenen, von Bläschen und Algen getrübten Wasser. In regelmäßigen Abständen, wenn ich Atem hole, öffne ich die Augen und sehe zur Küste hin, die sich jedesmal ein bißchen weiter entfernt.

Leb wohl! Ich gehe fort, um mit Vergnügen bald wiederzukommen.
Es wird nicht lange dauern.
Rückenschwimmen, sich ausruhen, sich ausstrecken in der besten
Hängematte der Welt, in der einlullendsten, sanftesten, kühlsten.
Ich schließe die Lider, damit die Sonne mich darunter nicht verbrennt. Die Welt ist rosa, rotgeädert, für Momente goldgezackt.
Die Welt ist aus bestickter Seide. Die Welt ist ein gepolstertes Bett.
Die Welt ist meine Amme, sie hält mich sicher in ihren Armen, sie
verzaubert mich.

Um drei Uhr holen mich Freunde ab und bringen mich nach Bérard
zu Franzosen, die in Algerien geblieben sind. Begegnung mit einem
Dutzend Männern und Frauen, alle *pieds-noirs*. Unter ihnen eine
meiner Klassenkameradinnen. Ihr Gesicht hat sich nicht verändert,
nur daß sie jetzt weiße Haare hat. Marie-Thérèse und ihre Schwester
Bernadette, ja ich erinnerte mich an sie, sie waren Interne.
Sie verbringen ihre Wochenenden hier, in einem Teil der Behausungen ihrer einstigen Arbeiter. Ihr «Haus» ist gegenüber, auf der
anderen Seite der Straße, sie vermieten es. Sie haben sich in diesem
eingeschossigen Gebäude eingerichtet, das aus drei oder vier ineinandergehenden Zimmern besteht. Alle schauen auf einen eingezäunten Garten. Das ist alles, was sie von ihrem Land behalten haben, das bis auf die Hügel hinaufreichte, dieses Stück Erde, das etwa
fünfzig Meter lang und zwanzig Meter breit sein muß. Es ist ein
herrliches Dickicht von Bäumen und Blumen, wo gerade die Winden am Zaun hochklettern und das Grün mit ihren blauen und lila
Trichtern sprenkeln.
Ich denke an meine Mutter; das hätte sie gewollt: Hierbleiben mit
einem Stückchen Land und darauf Pflanzen ziehen und den Schatten ausnützen. Sie hat es nicht getan. Sie hat nicht überlebt.
Abgeschlossen, geheim, zurückgezogen in sich selbst, diese Insel
der Vergangenheit.
Sie empfangen mich herzlich, und doch ist eine Art Verlegenheit
zwischen uns. Sie sind Marsmenschen, oder ich bin ein Marsmensch, ich weiß nicht ... Sie haben so viele Dinge erlebt, die ich
nicht erlebt habe, und ich soviel anderes, das sie nicht erleben wollten.
Zwei Männer kommen vom Fischfang zurück. Sie sind in der Dämmerung aufgebrochen. Sie setzen sich unter einen Baum. Die
Frauen servieren ihnen Seeigel, ein komplettes Aïoli, dem ich nicht

widerstehen kann. Roséwein, Flaschen mit frischem Wasser. Sie erzählen von ihrem Fang. Sie sind ausgelaugt von der Sonne und vom Salzwasser. Es ist wie früher.
...
Meine Familie ißt im Schatten eines alten buschigen Maulbeerbaums. Man ißt Tomaten, Zwiebeln und Oliven. Man ißt frisch gefangene, gebratene Rotbarben. Man ißt ein würziges *tchoutchouka*. Man ißt Mispeln und Weinbergpfirsiche und neue Trauben. Man trinkt den Wein des Jahres und Brunnenwasser. Meine Familie plaudert, lebt ihr Leben. Die Frauen haben leichte Kleider an, ihre nackten Arme sind goldbraun wie Brote. Die Männer haben offene Hemden an und Hosen aus weißem Tuch. Die Fliegen kleben. Die ruhigen Gesten, um sie zu verjagen, entstehen wie von selbst.
Das kleine Mädchen wartet darauf, daß es in den Garten gehen darf zum Spielen, es hat kein Recht, bei Tisch zu sprechen.
...
Ich bin fasziniert und verwirrt: Ich empfinde eine solche Zärtlichkeit für diese Leute, und gleichzeitig schrecke ich zurück.
Die sind nicht weggegangen, sie sind allein dageblieben, um dieses Stück Garten zu erhalten. Sie haben die Armut und die Isolation vorgezogen. Das kann nicht leicht gewesen sein. Dazu haben sie Liebe gebraucht! Ich verstehe sie und verstehe sie nicht.
Es gelingt mir nicht, eine Brücke zwischen ihnen und mir zu bauen. Die einzige echte Kommunikation zwischen uns läuft über den Garten: ein gelber Hibiskus, das ist selten. Die Gerberas sind von den Schnecken befallen. Letztes Jahr war eine riesige Aloe mitten in dem Rasen gewachsen.
Nach dem Essen plaudern wir, auf Liegestühle ausgestreckt und Orangeade trinkend. Wir reden von früher, von vor dreißig Jahren, von vor vierzig oder noch mehr Jahren. Es ist merkwürdig, in ihrem Ton ist keine Nostalgie, kein Bedauern, keine Bitterkeit. Keine Härte, wenn sie von den Algeriern sprechen.
Sind Sie Algerier geworden?
O nein, wir sind Franzosen.
Das war tapfer proklamiert.
Sie haben hier alles verloren, und Frankreich wird ihnen nichts geben, da sie nicht zurückgekehrt sind.
Ich bin nicht lange genug bei ihnen geblieben, um mir richtig vorstellen zu können, was sie geworden sind. Eindruck, daß sich nichts

verändert hat, daß sie sich in diesem Eckchen Paradies selbst konserviert haben.
Ich hätte gern, daß meine Mutter da wäre, bei ihnen. Nicht ich. Das ist alles, was ich dazu sagen kann.

Rückkehr nach Algier durch die Küstenregion, auf Straßen, die zwischen dem Mittelmeer und dem Mitidja verlaufen. Bezaubernd.
Unter Olivenbäumen verborgene Wege.
Eine Veränderung in den Farben: Oft hat Getreide die Weinstöcke ersetzt, und die goldgelben Felder, die gerade abgeerntet werden, haben die roten und grünen Linien der Weinberge ersetzt.
Mauern, die von Bougainvilleen glühen.
Blühende Feigenkakteen.

Wieder der steile Abhang Algiers. Die Bucht voller Schiffe. Hitzeschleier.

Daß ich morgen abreise, bereitet mir einen scharfen, stechenden Schmerz. Mir ist übel.

7. Juni

ALGIER. Das Flugzeug. FRANKREICH, Paris. Zwei kleine Stunden Flug. Zwei Welten. Zwei Leben.

Was mich jetzt, da ich meinen Text fertig abgeschrieben und meine europäischen Gewohnheiten wiederaufgenommen habe, überrascht, ist die Auswahl, die ich beim Notizenmachen getroffen habe. Im Laufe meiner Wiedersehenstage nahm ich Bilder, Bewegungen, Wörter, Eindrücke, Empfindungen auf, die ich nicht alle in mein Heft eintrug. Und nicht nur weil ich keine Zeit hatte. Vielmehr weil mir schien, daß manche dieser Informationen zu einem Hintergrund, einem Ganzen gehörten, das ich nicht zerstückeln konnte und das ich bestimmen mußte.
Ich brauchte Abstand. Ich werde nicht viel Zeit haben, da ich mein Manuskript in drei Wochen abgeben muß. Aber gewisse Abschnitte sind doch genauer geworden.

Ich selber habe gemerkt, daß ich von Anfang an, seit dem Anblick der intakten Großen Post, alles unterdrückt habe, was mich zum Weinen oder Jammern bringen konnte. Das war unerträglich, dieses Gebäude, diese Straßen, diese Häuser unverändert zu sehen, Zeugen nicht wiedergutzumachender Verbrechen. Niemand wird mir meine Seele zurückgeben, wie sie war, bevor sie mir meine Mutter an der Biegung dieser Stufen halbtot geschlagen hat. Niemand wird den aufgehäuften Leichen dieser Kreuzung das Leben zurückgeben.

Konfrontiert mit diesem Ort, diesem Nebel der Stadt, von dem ich hoffte, er habe sich mit den Jahren verändert, der aber in Wirklichkeit noch derselbe war, habe ich gedacht, ich müßte ersticken. Der maurische Stil der Post, der Haussmannsche Stil der Häuser, die Bananen- und Feigenbäume des Platzes, all diese Wächter der Vergangenheit hatten ihren Posten nicht verlassen. Das Rohe, das Lebhafte, das Blutige, das Grausame existierten in der Erinnerung der Steine und Pflanzen. Die ehemalige Kolonialstadt war da, langsam verdauend in ihrer Kleinheit und Enge. Dichter Verkehr der Schemen, drückende Schwüle des Kummers, Gehupe der alten Ängste, Spektakel der auferstandenen Alpträume, Rummel der verletzten Lieben, ich möchte mich nicht von euch einholen lassen, ich verabscheue euch, ich hasse euch.

Ich könnte den Kampf, der sich in mir abgespielt hat, nicht beschreiben, denn meine Vernunft hat sich nicht eingemischt. Mein Instinkt hat mir die Tränen in die Augen getrieben, hat mir die Kehle zugeschnürt, hat meinen Bauch zusammengekrampft und mich mit Gewalt befreit. Mein Wunsch kannte besser als ich sein Objekt.

Unbewußt also habe ich das in wenigen Sekunden aus dem Gedächtnis geräumt, vom Privatgrund meiner persönlichen Erinnerungen verbannt. Ich habe diese Gewalttaten beschönigt.

Ich wollte Algier und Algerien genießen. Dieser Wille zu genießen war enorm, das merke ich jetzt. Er machte mir wahrscheinlich vor der Abreise solche Angst, er, der mich so lange von meinem Land ferngehalten hat. Immer wieder der so schwer zu bestimmenden Grenzen zwischen der Schamlosigkeit und der Indezenz ...

So war ich von der ersten Stunde an befreit von der Vergangenheit. Sie war da, überall, ich hätte blind sein müssen, um sie nicht zu sehen, aber sie hat mich nicht belastet. Ich war sicher, nicht ihretwegen gekommen zu sein. Was ich wiederfinden wollte, ging über sie

hinaus, war zugleich älter und lebendiger; mein Wunsch war, das
Wesen dieses Landes wiederzufinden, seinen Atem, sein Feuer, sein
Inneres. Und das war da und ebenfalls intakt, und ich habe mich der
Freude und der Heiterkeit hingegeben.

Tausendmal jeden Tag ist die Vergangenheit wieder aufgetaucht, in
Form eines Fensters, einer Tür, eines Baums, eines Gesichts, einer
Perspektive, eines Geräuschs, eines Geruchs, eines Lichts. Sie
diente dazu, daß ich mich noch mehr in mein Abenteuer stürzte, sie
half mir, die Eindrücke meines Wohlgefühls festzuhalten.

Ein einziges Mal wäre der Schwall der Seufzer und Krokodilstränen
fast hervorgebrochen, das war in Sidi-Ferruch. Denn dort nistete
die Zärtlichkeit und Reinheit meiner kindlichen Liebe. Dort lag die
Unschuld des kleinen Mädchens, seine Naivität, seine verwirrende
Entdeckung der Sinnlichkeit begraben. Ich wollte, daß dieser Ort
schön, bunt, duftend, glücklich bliebe. Dem war nicht so. Na gut,
inch Allah!

Ich glaube, ich habe die Hand des kleinen Mädchens losgelassen, als
ich auf dem Friedhof Saint-Eugène kam. Danach habe ich die Hand
nicht mehr gebraucht, um mich zu beruhigen, das kleine Mädchen
hat mich einfach begleitet wie ein vorsichtiges, braves Kind, aber es
war nicht mehr ich selbst.

Zwei Eindrücke über Algerien, die algerische Nation, bleiben, sind
vorherrschend. Der erste ist etwas Offensichtliches, aber für mich
Aufregendes: Algerien gehört zu Afrika!

Vorher gehörte Algerien zu Nordafrika, aber Nordafrika war nicht
Afrika. Nordafrika war durch das Mittelmeer mit Europa verbunden;
Frankreich, das war der Strand gegenüber, die blau-weiß-rote
Fahne vereinte die beiden Küsten. Heute ist Nordafrika durch das
Mittelmeer von Europa getrennt!

Nordafrika war von Afrika durch die Sahara getrennt. Heute ist
Nordafrika durch die Sahara an Afrika gebunden. Das Erdöl und
der Islam haben das große Loch der Wüste gestopft.

Während der vierundzwanzig Jahre meiner Abwesenheit hat sich
für mich diese geographische Umwälzung vollzogen. Es ist idiotisch,
aber es ist so.

Ich habe in Ghardaia die Kamele der Karawanen ankommen sehen.
Sie sanken auf dem Marktplatz nieder, als hätten sie keinen Schritt
weitergehen können. Sie kamen aus dem Sudan oder aus Senegal. Sie
waren exotisch. Wären sie aus Asien oder Amerika gekommen,
hätte ich sie nicht exotischer gefunden.

Als ich während meines Aufenthalts in Algier die Zeitung las, erfuhr ich täglich Nachrichten aus Namibia oder Zimbabwe, wie ich in Paris Nachrichten aus Portugal oder Finnland bekomme. Ich entdecke, daß mehr als die Geologie die Geschichte Kontinente schafft ...

Der zweite Eindruck, ganz genauso persönlich wie der erste (und vielleicht genauso dumm ...), ist, daß das algerische Volk erwartet, der Sozialismus würde es reich machen, aber im kapitalistischen Sinn des Wortes reich machen.
Am Anfang, mit der Unabhängigkeit, hat der Sozialismus die Algerier wie der Weihnachtsmann mit Gaben überhäuft. Sie haben die Reichtümer der Franzosen besetzt und geteilt. Märchenhafte Reichtümer für eine Horde, die nichts, absolut nichts besaß. Die sozialistische Revolution hat ihr Land und ein Haus, Hühner und Ziegen geschenkt. Das war wunderbar und herrlich.
Jetzt hat sich die Bevölkerung verdoppelt, alles was zu haben war, wurde genommen, es gibt nicht mehr für alle Wohnungen, man braucht nicht mehr zu warten, bis die Kolonisten gehen, damit das Elend kleiner wird. Die Hoffnung stützt sich auf den Sozialismus, das heißt auf die kollektive Bereicherung. Ich weiß nicht, ob diese Worte für den Fellachen einen Sinn haben. Ich glaube, daß er sich Reichtum noch individuell vorstellt und daß das Wort Eigentum für ihn nichts von seinem Glanz verloren hat.
Die Algerier sind entgegenkommend, gastfreundlich, freundschaftlich, aber ihre Frauen teilen sie nicht, sie verstecken sie. Sie lieben das Geheime, das Drinnen. Das Draußen lieben sie auch, zum Palavern ...
Noch ein Eindruck. Vielmehr eine Gewißheit. Ein Gewicht, eine Masse, eine Rundheit, ein Gleichgewicht in mir, ein Lachen, wenn ich an diese Ecke der Welt denke: Ich liebe sie.

Bénédicte Ronfard
In Moussias Land

Mir ist etwas wirr im Kopf. Warteliste ... Ich habe beinahe dieses Flugzeug verpaßt. Nun bin ich unterwegs nach Algier, eingeklemmt zwischen zwei Blicken, die auf meinen Füller gerichtet sind, so daß ich nur Banalitäten werde schreiben können.
Ich bin das einzige ihrer drei Kinder, das nie dort unten war. Frage mich, wen ich finden werde, wer Moussia dort ist, wo sie diesen Vornamen her hat. Wer Bénédicte sein wird in ihrer Gegenwart, in Gegenwart dieser ganzen Vergangenheit, die ihr nicht gehört und die sie doch genährt hat ...

Eine weiße Masse zeichnet sich im Nebel ab. Die Straße zieht vorüber.
Eine deutliche, klare Stimme erhebt sich und sickert in meinen versunkenen und etwas stumpfen Blick:
Siehst du, das war die Fabrik meines Vaters. Da gab es eine große Mauer, auf der CARDINAL stand.
Nebelschleier.
Siehst du, da bin ich geboren. Siehst du den großen Balkon, der um dieses Haus herumgeht ... Rue Michelet 24.
Die Straße zieht jetzt vorüber.
Siehst du dieses Eukalyptuswäldchen, da hat mich zum erstenmal ein Junge geküßt.
Erinnerungslächeln.

Als ich von Paris wegfuhr, wußte ich genau, was ich hier suchen wollte. Ihr Gesicht hat mich völlig aus der Fassung gebracht. Ich erwartete, eine ernste Frau zu finden, mit Erinnerungen beladen wie ein randvoller Fischdampfer kurz vor dem Absinken. Ich habe das Gesicht von jemandem gefunden, den ich nicht kannte, das Gesicht eines gestillten, entspannten Kindes. Sie fühlt sich

wohl hier. Sie hat die Gerüche, die Gesten, die Rhythmen wiedergefunden, die ihr vertraut waren, die Leute, das Meer, ihr Meer...
Die Veränderung, das, was sie vielleicht verloren hatte, kümmerte sie wenig, im Gegenteil... Ich spürte an ihrem nachdenklichen Lächeln, daß jedes Stückchen Trottoir seine Geschichte, jedes Haus einen Namen, ein Leben hatte; darauf kam es an.

Sie sagt:
Welches ist deine Stadt, die, wo du deine Wurzeln tief im Boden spürst, daß dein Körper mit der Luft und der Vegetation zusammen ein Ganzes bildet?
...
«Ich weiß nicht. Lima vielleicht, weil ich dort für mich wichtige Dinge erlebt habe. Oder Lissabon, weil ich dort geboren bin, und das wenige, das ich dort erlebt habe, in mir ein Empfinden für Rhythmus, Schlaginstrumente, die dortige Musik hinterlassen hat.
Im übrigen, glaube ich, ist die Gegend, an die ich die meisten Kindheitserinnerungen bewahrt habe, der Square Renoir, die Porte de Vanves und ihre Backsteinmietskasernen. Das François-Villon-Gymnasium. Die Eisenbahn, die vor meinem Fenster vorbeifuhr und dort – manchmal stundenlang – hielt, bevor sie die Pferde zum Schlachthof transportierte.
Die wieherten da drin und schlugen mit den Hufen aus, so laut sie konnten. Je zehn oder zwanzig Tiere in diese Sargwaggons gezwängt. Das waren nicht die Pferde, die über das algerische Land galoppierten.»
Nein, eigentlich fühle ich mich an keine Erde gebunden.
In meinem Leben hat es Strände gegeben, die sich unter einer Postkartensonne bis zum Horizont erstreckten, Kälte, übervölkerte, enge Städte, Beton, Fröhlichkeit, Hausbesetzungen, Schutthaufen. All das vermischt mit Mittelmeergeschichten, die wiederkamen wie die Bewegung des Meeres, wie Märchen. Für mich waren diese Geschichten ein Buch, das man aufschlug, das hätte auch *Mère Mac Miche*, der *Kleine Däumling* oder *Dornröschen* sein können. All diese Märchen waren voller Haß, Träume und Leidenschaften.
Aber das hatte nichts Handgreifliches für mich; jedes Wort verwandelte sich in Düfte-Bilder, Farben-Empfindungen, die aus mei-

ner Traum-, Schatz-, Erinnerungskiste, gemeinhin Gehirn genannt, kamen.

Meine Wurzeln: Das sind die Adern, die durch meinen Körper laufen, meine Gehirnzellen.

Ich nehme auf, ich absorbiere.

Mein Fleisch ist meine Erde, voller prächtiger Blumen, Unkraut, Gerüche, Empfindungen. Durch die Kanäle, die mich durchziehen, haben sich die Fremdkörper vermehrt, haben sich kulturelle Versatzstücke angehäuft, um eine andere Kultur zu bilden.

Eine neue Art, entstanden aus natürlichen oder künstlichen Pfropfreisern, mit anderen Träumen, anderen Wünschen, anderem wilden Denken, anderen Leidenschaften, anderem Haß.

Vor mir erstreckt sich die Bucht von Algier mit vielen Schiffen. Um sie herum scheint nur eine einzige zusammenhängende weiße Masse zu sein, einige rote Dächer. Es ist eine abschüssige Stadt: steile Wege, Gäßchen, Treppen, Straßen. Es wimmelt von Männern und Blicken, die an einem Busen, einem Nabel, einem sich entfernenden Arsch hängen.

Verschleierte Frauen, europäisierte Frauen.

Kneif den Hintern zusammen und geh weiter.

Die Anhöhen der Stadt gehörten den reichen Kolonisten. Herrliche Häuser, verbunden durch prächtige Blumengärten. Jetzt ist alles zerstückelt worden, Manche der Schuppen stürzen ein, andere sind intakt geblieben, von anderen bröckelt der Putz.

Das ändert für mich nichts.

In meinem Kopf bedeutete Algier die Mutter meiner Mutter.

Die Bucht von Algier könnte das Becken einer Frau sein.

Mein Kopf ist benebelt, verwirrt.

Meine Großmutter war eine Heilige, meine Mutter ist ein Kind, und ich kann nicht schlafen. Escher scheint sich mit dem Raum meines Schädels zu amüsieren.

Moussia hat ihre Mutter verehrt, angebetet, dann hat sie sie gehaßt.

Mutter, in Gegenwart des Meeres, wie ein Felsen, an dem der Wahnsinn der Tiefen zerschmettert würde oder der seine Flanken von einem beruhigenden Plätschern liebkosen ließe.

Und du rührst dich nicht ... fest und unerschütterlich.

Würdest du mich in den Mund nehmen, wenn ich ein Kiesel wäre und poliert von der regelmäßigen Bewegung des Wassers, um die Zartheit und den Geschmack meiner Formen zu spüren?
MAMAN...
Meine Hand sucht und entfernt sich von dir, Mama, von deiner weichen Vagina, der du nicht gleichst, nicht mehr gleichst.
Dein Muttergesicht hat gelogen! Deine Maske in heiteren Farben wollte das Häßliche, das Harte, das Traurige und die Angst vor dem Absurden verbergen. Du hast mich die Zärtlichkeit der Freundschaft, die Liebe in ihrer Schönheit gelehrt; aber du hast mir das andere und den Schmerz der Einsamkeit verheimlicht.
Manchmal merke ich dich, spüre ich dich, dort wo dir die Eingeweide die Haut sprengen wollen, damit sich ihre Farben und ihr Gestank verbreiten.
Schmerzensgeburt, Lebensharakiri.

Von wem spreche ich?
Bruch.

Am ersten Tag, als ich ankam, war schlechtes Wetter. Das war unglaublich, nicht normal, das hatte es offenbar noch nie gegeben. So war es bis gestern, das heißt, vier Tage lang wurde es immer schlechter.
Beschluß, nach Chréa zu fahren, in die Berge, wo meine Mutter ein Ferienhaus hatte. Wo sie mit ihren Freunden aus guter Familie versuchte skizufahren. Der Schnee war rar. Während man auf ihn wartete, rodelte man in den Hohlwegen auf Zedernnadeln. Gesunde und ungefährliche Spiele, wie man sich vorstellen kann. Die größte Skipiste muß fünfhundert Meter lang und vielleicht dreißig Meter breit sein. Zum Totlachen.
Weniger lustig ist, daß ich schlotternd, die Arme verschränkt und an den Leib gepreßt, durch den Nebel die Sonne sehen kann, die sich in der Ebene ausbreitet... Man könnte glauben, ich sei verhext, oder der Zufall macht seine Sache zu gut.
Mein Algerien kommt aus Paris, das kenne ich am besten und am wenigsten gut, Moussia unterm Schleier meiner Mutter. Unentwirrbare Mischung aus Mutter und Kind-Frau, die sie sein kann. Durchsichtiges Labyrinth. Illusion zu glauben, daß ich weiß, wohin ich gehe.
Meine Mutter ist eine durchbrochene Festung.

Nach langen Jahren ...

... die Heimat wiederzusehen ist der Traum vieler Menschen. Für Marie Cardinal geht dieser Traum in Erfüllung.

Doch Träume erfüllen sich in der Regel nicht von allein. Man muß schon selbst etwas dazu tun, um sie Wirklichkeit werden zu lassen.

Pfandbrief und Kommunalobligation

Meistgekaufte deutsche Wertpapiere - hoher Zinsertrag - schon ab 100 DM bei allen Banken und Sparkassen

Verbriefte  Sicherheit

Eine Zugbrücke hat sich zu einem Gitter hin geöffnet, wenn ich mich mit den Händen an den Stäben festklammere, kann ich sie sehen: ein massiver, imposanter, klarer Bau. Ich betrachte mit halbgeschlossenen Lidern die Gärten, die sie umgeben, die Vollkommenheit der Blumenalleen, die Stärke der Mauern. Eine unveränderlich scheinende Masse, die zur Ruhe einlädt.
Auf dem Weg, der an der Ringmauer entlangführt, versuche ich, einen Durchgang zu finden. Durch die herausgebrochenen Steine kann ich manchmal hinter dem Haus andere Gärten sehen. Kratzer von den Brombeerhecken an meinen Füßen, Waden, Schenkeln. Sie werden dichter und versperren mir den Weg.

Die Verwirrung ist vollkommen. Ich weiß nicht, ich weiß nicht mehr. Zweiundzwanzig Jahre durchkreuzen sich und stoßen mich vor den Kopf. Widersprüchliche Gewißheiten.
Was war meine Mutter für mich?
...
Eine Person, die ich fasziniert ansah, ein leidenschaftlicher Fels, eine Flut göttlicher und vernünftiger Worte. Die Wahrheit. Meine Mutter war die Wahrheit, das war sicher, nicht einmal der Schatten einer Wolke trübte diesen klaren Himmel. Meine Gedanken konnten nur ihre, meine Worte konnten nur ihre sein ... Sie war schön, intelligent, lustig, zärtlich. Eine Göttin, die ich verehren mußte.
Eine falsche Göttin wider Willen. Sie gab mir die Sprache und regte mich an zur Sprache, zum Dialog ... Aber die paar Risse, die hätten Spalten werden können, geöffnet auf andere Horizonte, wurden sofort geschlossen, erklärt. Sie hat so gekämpft, sie hat sich wie die ersten Kolonisten, die nach Algerien kamen, so abgerackert, damit das Sumpfland für uns ein wegsamer und bebaubarer Grund würde, daß dieser Boden eine verfälschte Erde geworden ist, deren Verfälschung ich nicht durchschaute.
Als ich klein war, ähnelte ich körperlich sehr meiner Mutter. Folglich hatte sie sich leicht identifiziert mit mir, mit ihrer eigenen Vergangenheit. Als Doppelgängerin von einem anderen Planeten vertraute ich mich ihr selten an.
Lange hat sie mich beeindruckt, bedruckt wie einen Stoff, auf dem man Motive anbringt. Motive, die ihre reflektierten; sie sah sich in mir, aber ich fand mich nicht wieder in den Worten, die sie an mich richtete.
Die Grundfarbe war nicht die gleiche.

Ich weiß nicht, was eines Tages in mir den Zweifel erregt hat. Ich weiß nicht einmal, ob dieser Zweifel etwas anderes war als der Wunsch, schöner, intelligenter, stärker zu sein als sie. Eines Abends habe ich scheinbar grundlos beschlossen, nicht mehr heimzukehren. Ich hätte nicht sagen können warum. Es war mir nicht einmal bewußt, welchen Schlag ich versetzen würde.
Ich hatte den ersten Riß gefunden.
Mit kältester Grausamkeit, in triebhafter Lebensgier habe ich in diese Mauer, diese Erde gehackt, damit mir endlich der Schweiß austrat.
Als die Bresche geschlagen, der Boden aufgerissen war, hat mir das Unbekannte eine Ohrfeige verpaßt, daß mir der Kopf schwirrte. Der Schweiß hatte die Motive ausgelöscht, ich hatte keine Identität mehr, ich verstand überhaupt nichts mehr.
Ich hatte nur eine Gewißheit, nämlich daß ich mich in dieses Nichts stürzen mußte, um dort irgendeinen Schatz zu finden.
Es war ein Strudel.
Seither nage ich an dieser unseligen, verfluchten Nabelschnur...
Nach und nach habe ich die Vielfältigkeit der Wörter entdeckt. Für jeden ist der Gehalt von Wörtern ein anderer, und zwar aus gutem Grund... Wie kann zum Beispiel das Wort Tisch die gleiche Bedeutung, die gleiche Tragweite haben für jemanden, der keinen hat, für den, der ihn herstellt, und für diejenigen, die immer welche gehabt haben? Die Entdeckung dieser Wahrheit veränderte für mich alles...
Als ich klein war, dachte ich, alle Welt dächte wie ich. Ich rechnete nicht mit der Perspektive.
Was für ein Schlag!
So entdeckte ich einen anderen Sinn des Wortes Einsamkeit, das ich immer mit einem Vergnügen gleichgesetzt hatte. Die Einsamkeit nahm jetzt das Gesicht eines sinnlosen Abgrunds an.
Ein Dialog von Tauben! Aber zumindest wußte ich es. Das war nicht zu unterschätzen, und es lehrte mich meine Verschiedenheit, der ich immer noch nachspüre.
Seit ich hier in Algerien bin und endlich sehe, wie die Sonne die Haut bleicht und verbrennt, den Duft der Blumen und Bäume hervorlockt, seit ich spüre, wie der Sand meine Füße verbrennt, wie das Meer meine Haut streichelt und meine Lippen salzig macht, mich einlädt, mit ihm eins zu werden, oder in seinen weichen Strömungen mit meinem Leib spielt, wie der Wind sich erhebt in sandbeladenen

Böen, meine Haut peitscht, wie die Araber auf ihrem Weg im Schatten eines Eukalyptusbaums stehenbleiben, sich setzen und einen Grashalm, den Himmel, ein vorbeifahrendes Auto betrachten, um dann zur rechten Zeit wieder weiterzugehen, seither verstehe ich gewisse Gesten, gewisse Wörter, eine gewisse Sensibilität meiner Mutter besser, weil sich Moussia genauer dargestellt hat. Wie ein Sonnenbrand gerade dann hervortirtt, wenn die Sonne untergeht.

Empfindung von einem Zug, der einen Berg hinaufschnauft.
In der Kurve außer Atem kommt.
Durch das Fenster unseres Zimmers höre ich eine Jazztrompete.
Radio.
Als Moussia jünger war, begeisterte sie sich für Jazz und Rock. An den Wochenenden kamen sie und ihre Freunde in eine dieser Villen und tanzten am Meer.

Ich betrachtete das Meer und die Farbe, die die untergehende Sonne dem Himmel verleiht: «Wenn er rot ist, nimm dein Pferd und reite los.»
Im Gegenteil, wenn sie untergeht und den Horizont auslöscht wie eine abgebrannte Kerze, dem Schatten, dann der Dunkelheit den Platz überlassend, dann senkt sich dir die Hundstagehitze auf den Kopf, ohne daß dich das geringste Lüftchen erfrischte.
Geh in den Schatten und bewege dich nicht.
Dieses Land lädt zur Kontemplation ein, zur Träumerei.
«Wir werden sehen...»
Der Europäer mag das nicht, der Europäer kann das nicht verstehen.
Ich denke an all die Leute, die ihre Kotze im Magen festhalten, der erstarrt und versteinert ist von einem Rülpser, der erst entweicht, wenn sie blau angelaufen sind, endlich Himmel und Meer geworden, dann werden sie Erde.
Ihre Kinder werden weiterhin den Beton aufragen sehen mit den Karos seiner Jalousien-Lider, bewohnt von geknebelten Mündern, und ihre Fernsehblicke werden sich erheben, um weniger Arbeitsstunden am Band zu verlangen und mehr Geld, damit sie sich einen größeren Fernseher kaufen können.
Vor allem keinen Raum entstehen lassen.

Angst vor der Leere, in der man sich begegnen könnte ... Wie der Nachbar von nebenan, der sich aus dem siebten Stock auf den Vorplatz des Gebäudekomplexes geworfen hat. Da haben sich die Lider alle geöffnet und viele undurchsichtige Blicke freigegeben, in denen sich nichts mehr widerspiegeln konnte, am allerwenigsten ihre Identität.
Und diese Hunde von Algeriern, die sich gehen lassen!
Ich besinge Algerien nicht, ich kann es nicht besingen, ich kenne es nicht. Man hat mir vom Vorkriegsalgerien erzählt, von den großen Gutshöfen mit Tausenden Hektar Weinbergen, fabelhaft gepflegten Orangenhainen, von der einen Handvoll Familien, die friedlich in ihrem Märchen leben mit einer Meute vier- oder zweibeiniger Hunde, die sie bedienen. Man hat mir auch von den Arabern auf Knien erzählt, die den Rocksaum meiner Urgroßmutter küßten, wenn sie ihr Land besichtigen kam.
Ich verehrte meine Urgroßmutter so, wie sie war. Doch diese ganze Feudalität war für sie noch das Wenigste.
Als sie ohne Kammerfrau nach Frankreich zurückgekehrt war, hat sie gemerkt, daß sie sich nicht anziehen konnte. Da sie eine glückliche Natur hatte, ließ sie die Verschlüsse bei allen ihren Kleidern vorne anbringen, um sich selbst helfen zu können. Das ist gar nicht so lange her.
Und wenn heute die Leute dieses Landes, begierig, ihre Tüchtigkeit zu beweisen, uns Fremden mit ungerechter Härte begegnen, selbst wenn ich es nicht akzeptiere und es mir schlimm erscheinen mag, ich verstehe es.
Dieses Land, wie ich es sehe, ist ein geschlagenes Kind, das die Zähne zeigt.
Dennoch möchte ich sagen: Hol tief Atem in der Kurve, paß auf, daß du nicht gleich oder schlimmer wirst als Papa und Mama. Aber noch einmal, ich kenne dich nicht. Das einzige, was ich mit dir gemeinsam habe, ist das jugendliche Alter ... Mit all dem, was das an Existenzproblemen bedeutet.
Auch mit der Möglichkeit, zu träumen und aus diesem Traum eine Realität zu machen.
Träumen von einer «anderen» Welt. Einer Welt, in der die Heuchelei für immer ausgemerzt wäre.
Utopie?
Wie ein Alptraum, der bedeutungsschwer und stark durch die Tiefe, in die sich seine Wurzeln graben, euch absorbiert und ertränkt in

einem undefinierbaren Gefühl des Unbehagens, der Ohnmacht vor dem Ungreifbaren, vor der Stille der Zeit!
Ein ererbter trügerischer Alptraum, der endlich, wenn die Wurzeln herausgezogen und ans Licht gebracht, die Worte entschleiert sind, in seiner bestürzenden Einfachheit erscheint. Begreiflich, kann er dann vergessen werden, eine Leere zurücklassend, die zu füllen ist, eine gepflügte Erde, die bereit ist, bestellt oder von Unkraut und wilden Blumen überwuchert zu werden. Vergiftete Wahl.
Könnte man nicht einen Strauß pflücken? ...

Moussia sitzt vorne in dem Wagen, der uns nach Algier zurückbringt. Hinten, die Nase gegen die Scheibe gedrückt, lasse ich meinen Blick die vorüberziehende Landschaft durchdringen. Eine Landschaft aus Plateaus, Ebenen, Bergen. Immer wieder überrascht, wenn ich in einer Biegung der Straße, hinter einem Hügel eine neue Landschaft, eine andere Vegetation entdecke.
Wir kommen vom fast Kahlen in dichtes Laub, von den grünen Weinbergen mit ihren blutigen Kanälen, die eine exakte Zeichnung in diese rote Erde furchen, zum Gelb, fast Weiß der Weizen- und Haferfelder mit ihren schweren, reifen Ähren, durch duftende Eukalyptuswälder, Straßen, die von Olivenbäumen gesäumt sind, die ich anfassen möchte, so sehr läßt ihre Vollkommenheit an ihrer Echtheit zweifeln, vorbei an richtigen Wänden leuchtendroter wilder Bougainvilleen.
Unglaubliche Vielfalt der Farben, Pflanzen, Bäume, Blumen, Düfte. Überall in regelmäßigen Abständen, sei es in der Ebene oder im Gebirge, in der Nähe eines Dorfes oder auf einem Sträßchen, das sich im Land verliert, findet man Kinder, die den seltenen Passanten zuwinken mit einem Brot, Gemüse, Früchten, Wild oder ein paar Ketten aus bemalten Tonkugeln, Muscheln, Kernen, irgend etwas.
Am Ausgang eines Dorfes streckt uns ein Mädchen ein Ei hin und schreit: «Hühnerei, Hühnerei!»
Die Sonne geht heute rot unter. Moussia spricht nicht mehr so mit mir wie am Anfang, es ist Zeit vergangen, sie dreht sich zu mir um, ein lächelnder Blick.
Lächeln des Einverständnisses.

Ich träume. Chaos aufeinanderfolgender Bilder. Die Roulettekugel kommt zur Ruhe.
Zahl ...

Eine Pflanze, die ich noch nie gesehen hatte, löst sich aus den tadellos gepflegten Beetreihen.
An die Gitterstäbe geklammert, beobachte ich sie.
So eine Anomalie in einem perfekten Tableau; sie geht hin und her, greift sich manchmal an den Kopf. Ich kann hören, wie sie seufzt und murmelt: «Nein, nein ...» Dann versiegt die Stimme. Sie geht weiter hin und her und scheint ein wichtiges Zwiegespräch mit den Bewohnern dieses Gartens zu führen, von Zeit zu Zeit wirft sie einen Blick auf das Mauerwerk. Immer wieder:
Nein, nein, ich ...
Ich bemerke an ihrem unteren Teil eine Art Schleppe aus langen, mehr oder weniger dicken Fasern. Ich betrachte so fasziniert diese merkwürdige Vision, daß ich gar nicht merke, wie sie sich mir genähert hat.
Jetzt, da sie sich mit weit geöffneten Blütenblättern vor mich stellt, kann ich die außerordentliche Vielfalt ihrer Farben besser sehen. Die Luft ist getränkt von einem Duft, den ich bisher nie gerochen hatte, in dem ich jedoch gewisse Gerüche wiederzuerkennen glaube. Gerüche-Bilder, Farben-Wörter ...
«Nein, nein», sagt sie zu mir. «Nein, das ist unmöglich, ich kann nicht, ich kann nicht mehr so eingepflanzt bleiben, zu drei Viertel eingegraben, tagelang. (Indem sie mir ihre Schleppe zeigt:) Meine Wurzeln ersticken, meine Wurzeln ersticken!» Das Mauerwerk zwinkert mir zu.
Die Pflanze sagt zu mir:
Würdest du mit mir in die Ferien fahren? Ich würde dir die Erde zeigen, die mich genährt hat.
Ich ...

Erschütterung.

Das Flugzeug geht um elf Uhr, wir haben nicht mehr viel Zeit.
Die Sonne ist schon fast weiß. Verträumt setze ich mich in einen ihrer Strahlen, der durch die Scheibe dringt bis in die Mitte des Zimmers und auf den Tisch. Auch Moussia hat verschlafene Augen. Gähnen.
Aber wie ein abfahrender Zug, dessen Räder erst in einem leichten Stoß knirschen, bis sie den ersten Impuls empfangen, der geschwind den nächsten nach sich zieht, dann einen dritten, bis sie regelmäßig den Rhythmus der zurückgelegten Kilometer stampfen, so setzt die

Aufbruchsstimmung sich allmählich gegen die Träumerei des Morgens durch.
Dann überstürzt sich alles.
Mit einem Geschmack von Kaffee, Mispeln und zu wenig im Mund räume ich die letzte Zahnbürste ein.
Mit einer Zigarette auf dem Bett sitzend, fällt es mir schwer, in diesem Kopfkissen, diesen Laken meine letzte Traumnacht, die entrückten Morgen, diese ganzen, wie in der Zeit schwebenden Tage zurückzulassen.
Merkwürdige Mischung aus Enttäuschung und Freude.
Moussia hätte allein nach Algerien fahren sollen. Ein paar Tage vor ihrer Abreise hat sie mich gebeten, sie zu begleiten. Ich wußte um die Bedeutung, das Bedrohliche dieser Reise für sie. Diese Bitte löste bei mir eine tiefe Freude und Ernsthaftigkeit aus.
Wenn ich heute glücklich bin, so deshalb, weil sich eine Persönlichkeit, die ich ahnte, hier klarer dargestellt hat und mir erlaubt, Moussia besser zu verstehen. Und alle diese neuen Informationen haben, indem sie den Unterschied zwischen uns vergrößerten, ein keimendes Einverständnis genährt, ein Einverständnis, das über das zwischen Mutter und Kind existierende hinausgeht. Einverständnis zwischen zwei Menschen, das schwer zu erlangen ist, wenn sie einen so gefährlichen Anfang miteinander haben, der eine dem Bauch des anderen entschlüpft ist und der andere dem ersten das Leben gegeben hat; das geht über den Verstand!
Nur hier, an dem Ort, wo sie sich zum großen Teil geformt hat, konnte ich die Farbe ihrer Wörter, den Duft ihrer Bilder verstehen. Aber die Zeit hat mir ebenso wie dieser unvollendete Traum nur erlaubt, ein weites Land mit dem Blick zu streifen, Formen zu unterscheiden, ohne sie umreißen zu können ...
Ich lächle und lache, wenn ich Moussia sehe, ungefähr eine dreiviertel Stunde zu früh, kaum frisiert, die Jacke schon übergezogen, wie sie in ungebremste Hektik verfällt, was mich sonst fertigmacht, von einem Zimmer ins andere läuft und geschäftig die kleinen Gepäckstücke in die großen packt, als wollte sie, daß all das schon zu Ende sei. Sie scheint nicht traurig, aber es lohnt sich nicht, sich zu verspäten ...

Gepäck im Kofferraum, Straßen und Wege, die mir fast vertraut sind.
Flughafen, Abfertigung, Abschied, Warten.

Ausgelassenes Lachen bei einer Begegnung mit algerischen Gepflogenheiten in Form zweier Männer, die auf Karren mit unserem Gepäck erscheinen. Zweifel. Sie entladen die Karren, ruhig, gewissenhaft, um sie nebeneinander vor den Wartesaal zu stellen, der direkt aufs Rollfeld hinausgeht. Bestätigung. Wir müssen im Gänsemarsch unsere Koffer nehmen und sie in die Container des Flugzeugs laden.
Ein erstaunliches Spektakel, bei dem wir wider Willen mitmachen, spielt sich auf der Rampe ab, die uns ins Flugzeug führt oder besser schiebt. Vorpremiere der Stoßzeit in der Pariser Metro. Wir werden mitgerissen in einem Strom von Menschen, die fuchteln, lachen, schreien, sich stoßen und auf die Füße treten. Ich finde ein paar Sekunden Zeit, mich in einem der nächsten Sitze niederzulassen, mit einem Anflug von Aggression und Gereiztheit.
Endlich heben wir ab.

Algier wird kleiner, die Felder werden Flecken. Bald nur noch das Blau des Meeres. Die Wolken...
Ich stelle Moussia eine etwas dämliche Frage, aber ich weiß nicht, wie ich sie anders formulieren soll:
Wie ist das für dich?
Es macht mir nichts... Es ist wieder Daheim. Ich verlasse nichts, ich weiß, daß ich hier wieder ein oder zwei Monate im Jahr leben werde. Ich war mir nicht sicher, ich hatte Angst, enttäuscht zu sein, in der Erinnerung die Liebe, die ich für dieses Land empfand, verherrlicht zu haben. Angst, daß meine Liebe mehr an der Geschichte als am Land selbst hängen könnte.
Ich weiß jetzt, daß es diese Erde ist, die ich liebe. Ich fühle mich durchdrungen von ihrem Duft, ihren Rhythmen, ihren Farben, ihrer Musik.
Ich fühle mich da wohl, ich bin daheim.

Seit langem ahnte ich jenseits der Mutter eine Frau. Sie ist nicht mehr die Wahrheit. Sie ist ein Mensch mit all seiner Angst und Schönheit, seiner Zärtlichkeit und Härte.

Zu den Fotos

Seite 5: (Links oben) Marie Cardinal im Alter von 11 Jahren, (links unten) von 7 Jahren, (Mitte) Anfang 20, (rechts oben) von 20 Jahren, (rechts unten) von 13 Jahren
Seite 11: Auf dem Gut in Algerien, 1936
Seite 16: Als Kleinkind im Garten
Seite 18: Marie Cardinal als Kind auf einem Wohltätigkeitsfest mit Tanten und Kusinen
Seite 19: Auf einem Wohltätigkeitsfest
Seite 22: Daïba, das arabische Kindermädchen, mit ihrem Sohn
Seite 26: Marie Cardinal als Studentin
Seite 28: Marie Cardinal mit 19 Jahren
Seite 34: An Bord eines Schiffes zwischen Algerien und Frankreich, 1936
Seite 36: Marie Cardinal mit Mutter und Bruder 1936 auf dem Schiff zwischen Algerien und Frankreich
Seite 42: Casbah, 1945; Marie Cardinal 2. von links
Seite 48: Marie Cardinal bei der Erstkommunion
Seite 60: Marie Cardinal mit Freunden auf der Straße von Algier nach Tigzirt, Mai 1949
Seite 69: Die Mutter von Marie Cardinal
Seite 92: Am Strand von Sidi-Ferruch, Sommer 1942; Marie Cardinal 2. von links
Seite 115: Die Mutter von Marie Cardinal
Seite 126: Marie Cardinal mit ihrer Tochter Bénédicte (rechts). Foto: Benoît Ronfard

Verzeichnis der Worterklärungen

Die geographischen Begriffe sind nicht mitaufgeführt, ebenfalls nicht die Wörter, deren Sinn aus dem Textzusammenhang hervorgeht oder die im Text übersetzt sind.

Agora Marktplatz
Aïoli Knoblauch
Aissaua Mohammedanische Sekte
Apartheid Südafrikanische rassistische Regierungspolitik der «Getrennten Entwicklung», wonach Weiße und Schwarze durch Gesetze voneinander getrennt werden
Babuschen Pantoffeln
Bardo Palast
Bar-Mizwa Feierliche Einführung der männlichen Juden nach der Vollendung ihres 13. Lebensjahres in die jüdische Glaubensgemeinschaft
Boches Französisches Schimpfwort für die Deutschen seit dem Ende des 19. Jh.
Bouillabaisse Fischsuppe
Burnus Weiter Mantel mit Kaputze
Casbah Muslimische Festung, in Algier auf einem Hügel über der Altstadt gelegen
chéchia Turbanartig um den Fes geschlungener Stoff
chiclala Skandal, Streit
chorba Suppe
CIA Central Intelligence Agency, Zentralamt des amerikanschen Geheimdienstes
Couscous Arabischer Hirse-Eintopf mit Gemüse, Lammfleisch oder Geflügel
Derwisch Angehöriger des islamischen mystischen Derwischordens
Dey Titel des Oberhauptes von Algier zur Zeit der Türkenherrschaft (16. Jh.–1830)
Dicke Berta Nach Bertha Krupp von Bohlen und Halbach benannte volkstümliche Bezeichnung einer Kanone, die im Ersten Weltkrieg von Deutschen eingesetzt wurde.
djellaba Langes Kleid mit Ärmeln und Kapuze, das in Nordafrika von Männern und Frauen getragen wird
djenoun (Plur.)I *djinn* (Sing.) Dämonen

douar Zeltlager der Nomaden in Nordafrika

Escher, M. C. (1898–1970) Holländischer Grafiker, der sich in seinem Werk mit dem Raum und den Gesetzmäßigkeiten der Perspektive auseinandergesetzt hat

fatma Frau

Fellache Bauer

fellagha Algerische Partisanen

FLN Front de libération nationale, nationalistische algerische Befreiungsbewegung, 1954 entstanden

gandoura Tunika ohne Ärmel, die im Orient und in Afrika unter dem Burnus getragen wird

haîk Stoffbahn (5 × 2 m), die die Muselmanin über Kopf und Kleid drapiert, wenn sie das Haus verläßt

hadjar Schleier

hammam Bad

Haussmannscher Stil Französischer Baustil, nach Baron Georges Eugène Haussmann (1809–1891) benannt, der als Präfekt Paris durch den Bau großzügiger Boulevards und Parkanlagen modernisieren ließ

Hickoryholz Wertvolles exotisches Holz

inch Allah «So Allah will»

Kabylei Gebirgslandschaft östlich von Algier; die Kabylen sind Berber mit hamitischer Sprache

Kadi Richter in arabischen Staaten

khôl Schwarze Schminke für Augenbrauen und Lider

Kreolin In Lateinamerika Bezeichnung für die Nachkommen von Einwanderern aus den romanischen Ländern Europas

Limbus In der katholischen Kirche die Vorhölle

Magma Flüssiges Gestein aus dem Erdinnern

Mamamuschi Türkischer Würdenträger in Molières «Bourgeois gentilhomme»

Marseillaise Französische Nationalhymne

méchoui Gebratenes Hammelfleisch

mektoub «Was geschrieben steht»

Muezzin Arabischer Gebetsrufer, der täglich fünfmal vom Minarett der Moschee herab den Muslimen die Gebetszeit ankündigt

Muscharabie Hölzernes Gitterfenster

OAS Organisation de l'armée secrète, kämpfte gegen die Unabhängigkeit Algeriens

Paganismus Heidentum, im engeren Sinne Bezeichnung für heidnische Elemente im Christentum
Pastis Anisschnaps
Patschouli Duftstoff
Pétainisten Anhänger Pétains, des Chefs der Vichy-Regierung während der deutschen Besetzung 1940–1944
pieds-noirs Französische Siedler in Algerien, «Schwarzfüßler» genannt, weil sie als einzige Schuhe trugen
Poissonnerie Fischgeschäft
Polenta Italienischer Maisbrei
Pot-au-feu Rindfleischeintopf
Ramadan Islamischer Fastenmonat
rhatchoune Weibliches Geschlechtsorgan
raïma Beduinenzelt
Sephardische Juden Nachkommen spanischer Juden, die Ende des 15. Jh. u. a. in Nordafrika einwanderten
séroual Pluderhose
Spahi Seit 1934 Name der französischen kolonialen Reiterregimenter, 1962 aufgelöst
tarbouch Fes, rotwollene, kegelförmige Mütze, mit flachem Deckel, in dessen Mitte eine Quaste befestigt ist
Targi (Sing.), *Tuareg* (Plur.) Berberischer Volksstamm in der Sahara
tchador Schleier
tchatche Geschwätz, Klatsch
tchoutchouka Gericht aus Tomaten, Paprika etc.
Zenturionen (Plur.), *Zenturio* (Sing.) Befehlshaber einer Zenturie, der militärischen Einheit der römischen Armee von 60 (ursprünglich 100) Mann
zlabia Süßes, klebriges Backwerk